道と越境の歴史文化

三遠南信クロスボーダーと東西文化

和田明美 編

青簡舎

目次

序――越境地域政策の確立に向けて　戸田敏行　1

◇古代編

木簡に刻書する文化とそのひろがり　犬飼隆　7
古代史料にみる三遠　北川和秀　23
参河・遠江国と古代東海道
―万葉集「引馬野」の所在と結び付けて―　竹尾利夫　38
◎コラム――「越える」の意味について　近藤泰弘　60
古代東海道と東西越境地域の「渡り」
―「渡津」「しかすがの渡り」を中心に―　和田明美　64
◎コラム――三遠南信地域の歴史ＧＩＳデータベースの構築に向けて　飯塚隆藤　90

◇中世・近世・近代編

三河・遠江国境地域の中世　山田 邦明　97

旅日記からみる江戸時代の関所破りの実態　渡辺 和敏　120

三遠南信地域における中央構造線文化軸
―豊かであった山間地域―　藤田 佳久　143

◎コラム――
「小盆地宇宙」をめぐって　岩崎 正弥　170

あとがき　和田 明美　174

序――越境地域政策の確立に向けて

愛知大学三遠南信地域連携研究センター長
戸田　敏行

本書『道と越境の歴史文化―三遠南信クロスボーダーと東西文化―』は、愛知大学三遠南信地域連携研究センター（以下、本センター）の研究成果を公開するべく刊行されたものである。そこで、本センターの紹介と、文部科学省の共同利用・共同研究拠点として、現在取り組んでいる「越境地域政策」について紹介しておきたい。

○愛知大学三遠南信地域連携研究センターの活動

本センターの前身となる愛知大学三遠南信地域連携センターが設立されたのは、二〇〇四年一〇月である。既に、愛知大学豊橋校舎には先行する地域研究機関として、愛知大学総合郷土研究所（一九五一年設立）、愛知大学中部地方産業研究所（一九五三年設立）を有していたが、大学の社会貢献に対応するために、三遠南信地域を対象エリアとした研究センターを新設、「地域の中に大学を置く、大学の中に地域を置く」をキャッチフレーズに地域社会との連携体制を構築してきた。この間の研究テーマとしては、二〇〇五年からの五年間を「グローカルな視点に立った『地域づくり』トータル・システムの開発（文部科学省私立大学学術研究高度化推進事業）」として国際比較による地域づくり研究を推進した。また、二〇一〇年からの三年間は、「三遠南信地域における『地域連携型ＧＩＳ』の研究（文部科学省私立大学戦略的研究基盤形成支援事業）」として、ＧＩＳ（地理情報システム）を中核に据えた研究を進めてきた。

本センターでは、これらを背景として二〇一三年四月より文部科学省共同利用・共同研究拠点事業に採択され、「越境地域政策研究拠点」として越境地域政策の確立に向けた研究を進めている。越境地域政策は、従来の地域政策が行政区域を単位として政策立案・実施するものと異なって、行政境界を跨いだ越境地域を対象とした地域政策である。我が国を例にとれば、現在の地域政策は、国・県・市町村の三層の地域構造のもとに形成されてきた。その意味で、越境地域から主体的に地域政策を構築することは、政策の階層構造に反することになる。したがって越境地域には、自律的な政策機関は存在し難く、固有の地域政策の形成も困難である。越境地域政策を進めることは、こうした従来の地域政策との間に摩擦を生じながら、地域の自律性を促進することに他ならない。従来の政策の階層構造を前提とするならば、「地域政策実験」とみなすことが出来るであろう。我が国は人口高齢化などが世界の先端に立っており、従来の様に先行する海外モデルに頼れないとすれば、自らが実験を行う以外に方法がないという認識に基づいている。

○越境地域政策の確立に向けて

現在、県境を越えた実験的な取り組みを進める地域は国内に一〇〇以上を数えることが出来る。愛知・静岡・長野の三県境を跨ぐ三遠南信地域は、これらの代表例である。越境地域形成の活動そのものは広がりつつあるが、地域政策として纏まったものではない。そこで越境地域における地域政策の確立が不可欠となっている。

このため本センターでは、二つの研究方式を取っている。第一は、学内における学際的な三つの研究コアである。

行政境界で分断される地域データーをＧＩＳ等で繋ぐ「越境情報プラットフォームコア」、越境地域政策のモデルを構築する「越境地域モデルコア」、これらを地域計画として纏める「越境地域計画コア」である。第二は、越境地域における地域研究機関のネットワークである。越境地域政策の課題と目標は各地域で異なるために、各研究機関が分散的に研究を行い、本センターで統合する分散・統合型の研究である。これは主として公募研究によっているが、近四年間で公募研究に含まれる大学・研究所などは九五となっている。地域的にも東北五、関東二四、中部三六、近畿五、中四国一一、九州八、海外八と広がりを見せている。

学内研究体制として学際的な三コアを記したが、越境地域政策を構築するためには、様々な学際的なアプローチが不可欠である。本書は「道と越境」の歴史文化に関する研究書であるが、越境地域と歴史・文化に関しては、本センターの学際的な研究交流の場である越境地域政策フォーラムにおいて二〇一四年度から分科会を設けて研究蓄積が積まれてきた。一方、越境地域政策を指向している地域に対する全国調査によれば、越境することの第一の理由は歴史的な一体性であり、越境地域政策が現在の政策体系を超える取り組みとなるには、関与する人々の心に届く背景が存在している。また、今後の地域政策を考えれば、単純な経済指向は限界にきており、人間がその地域で生きてゆく思考が必要である。そしてその思考を支えるものが歴史・文化であろう。こうした意味からも、越境地域政策の確立に、歴史・文化的なアプローチは不可欠なものと考えている。本書がまとめられたことは、越境地域政策研究にとって意義深いものである。最後に、本書を執筆頂いた方々に御礼を申し上げたい。

◇古代編

木簡に刻書する文化とそのひろがり

犬飼　隆

一、なぜ墨書でなく刻書か

木簡はふつう墨で書く。木簡は日常の業務に使われ、現代のコンピュータ上のデータベースやメールに似た使い方をされていた。現代、役所では一定の様式を定めてさまざまな業務の内容をコンピュータに蓄え、紙に出力したり電子的に送って用務をはたしている。メールはまた通知や手紙としての機能もはたしている。用がおわったデータを蓄えておくときもあるが、日々の業務では消して記憶容量を空け新しいデータを入力する。七、八世紀の日本ではその機能を木簡がはたしていた。従って木簡は一つの用件が終わると再利用することが多かった。刀子で表面の墨を削り書き直して使った。

しかし、少数だが刻書した木簡がある。刻書すると再利用には不利だったはずである。字の刻み方には大別して鋭利な刃物の類によるものと先の固い棒で木の表面を押し込むようにしたものとがあるが、とくに前者の場合、刻まれている線が深めになりしかも均一にならず、刀子で削って新たな面をつくるときに平らにするのが容易でない。

墨書せず刻んだ理由を推測すると、まず考えられるのは筆と墨が手元になかった場合である（これを筆者は当初は思いつかず、奈良文化財研究所の山本崇氏から口頭で教示を受けた）。作業現場で当座の処置として生じ得る事情であろう。

筆記用具がないときに手元にある固いものでメモとして刻んでおき後で別の材に書き写すなり刻んだ材の上に墨書するわけである。以下に取り上げる資料の中にそれにあてはまる例が含まれるであろう。

しかし、作成する前段階でなく、木簡に刻んだ字句そのものが実際の用に使われた場合については、その考え方を適用するのはふさわしくない。刻んだままでは字の認識に不利だからである。刻書が実際の用に使われたときは、何らかの事情で、字が目立たないことを意図したか、字が消えないようにするべき理由がとくにあったと考えるのが合理的であろう。前者にあてはまる可能性をもつ例には奈良県の石神遺跡から出土した「あさなぎ木簡」があげられる。狭義の木簡でなく羽子板状に加工された小木片に「留之良奈弥々麻久／阿佐奈伎你伎也」と歌句を線刻したものである。あえて墨で書かない理由は呪句であったからかもしれないと指摘されている。ただし、その証明は容易でない。

後者は業務上の配慮として実際に行われたことが確実である。墨書すると、手が触れたり水がかかったりして墨が流れてしまう可能性がある。たとえば付け札は輸送中に人の手が触れ風雨にさらされる。木の繊維に墨が浸み込み色が失われた後に字が盛り上がって残る例があるが、刻書すれば凹凸は逆であるがはじめからその効果が期待できる。

寺院の建材や石垣の材の岩などに刻書がしばしば見られる。刻まれている字句は、その材を取り付ける位置や生産地や生産者や担当者の名などである。刻まれた理由は、墨が手元になかった事情と墨書が消えるのを防止するための両方から想像できる。また岐阜県では須恵器に産地ブランドとして「美濃」を刻字するための八世紀はじめの陶印が出土している。後に取り上げる浜松市の伊場遺跡には水を入れる木製の容器に文字を焼入れした例がある。木簡の刻書についてもそれらと同じ事情を考えることが許されるであろう。

それにあたると推定できる例をあげる。奈良文化財研究所木簡データベースの連番号（以下「連番号」と略記する）の000053は飛鳥京の苑池遺構から出土した木簡であるが、中風の薬「西州続命湯」の成分を書いたものである。「麻黄」「石膏」などの成分の記載に重ねて「石」「命」「方」の刻書がある（『木簡研究』第二五号、木簡学会 2003）。文書木簡として作成する前に書くべき文字をメモとして刻んでおいた事情を想像できる。

また連番号0000042は、平城京左京二条二坊から出土した八世紀中頃の庸米付札である。裏面に数値が墨書と刻書で重ね書きされている（『木簡研究』第二〇号、木簡学会 1998）。美濃の国から都へ輸送される途中で読み取れなくなったり別の数値に読まれる危険を避けようとした措置と想像できる。

・「∨美濃国不破郡□□里勝族百足庸□」

・「∨十九卅九□□」

作成にあたりとりあえず数値を刻んでおいて後に墨書した可能性も否定できないが、送り元やあて先や物品名は毎度同じである場合が多い。愛知県の日間賀島、篠島、佐久島の貢進物木簡にはあらかじめそれらを書き込んだ木簡を使う前に用意した可能性をもつ事例が指摘されている。それに対して数量は変わる頻度が大きいので、字が消えるのを防止するために刻んだという想像の方が成り立つ蓋然性が高いであろう。

同様の事情を想定できる木簡は例が多い。たとえば名古屋市の志賀公園遺跡から出土した連番号0000054は「奈女□首□□」と人名らしきものを墨書し、その上部に鋭い刃物状のもので「六束」と稲の量を刻んでいる。裏面にも五字が認められるが解読されていない（『木簡研究』第二四号、木簡学会 2002）。ただし、この例については後になお考えるところがある。刀形または馬形の形代の可能性をもつ木製品が伴出しているからである。

上記は実務上の事情で刻書された例であるが、呪符の類は刻書する理由がさらに明瞭である。風雨にさらされたり水中に投棄される場合が多いので、数量だけでなく字句の全体が墨書では流れてしまうことが前提条件になるからである。

刻書木簡の刻み方に大別して二種類があると先に述べたが、字の形を線であらわす上では刻み方のちがいと機能などのちがいとの対応関係はなさそうである。しかし、深めに刻み字画の端を綺麗に整えて字形を明瞭にあらわしているものは、刻むことに何か特別な機能、たとえば呪符としてのはたらきの付与が意図されていると考えて良いであろう。その場合、木材の形状も通常の業務に使う短冊形とは異なる整形が施されるであろう。

それがよくわかる例として百済の刻書陽物があげられる。陵山里寺址から出土した陽物には「天在奉義十　道縁立立立」などと美しい刻書が施されている。字は深く刻み綺麗に縁取りされている。一部の字が上下逆になっているなどの徴証から、都城の入り口に魔除けとして吊り下げたり立てられていたと推測されるものである。当該の刻書陽物については李鎔賢氏の考察が詳しい（「百済木簡―新出資料を中心に―」『東アジア古典学としての上代文学の構築』2008など）。写真と釈文は、『韓国木簡字典』國立加耶文化財研究所2011をはじめ、いくつもの文献に引用されている。

呪的な機能を付与するための刻書は実用のものにも施されることがある。たとえば平城京の二条大路から出土した曲げ物に「奉身万歳福」と刻書した例がある（奈良文化財研究所の渡辺晃宏氏から教示を受けた）。盆の真ん中に大きな字で丁寧に刻まれていて、その上に物を盛って使うので祝いの字句が消えないための措置であると明らかにわかる。

二、そもそも漢字は刻んで呪的な機能をもたせるものだった

ところで、漢字を刻書する理由は前の節で考えた実際的な事情だけではない。そもそも漢字は刻むものだった。書くのが一般化したのは書写材料が開発された後である。漢字の起源になった甲骨文字は亀甲や牛骨に刻んで神にささ

げその意向をたずねる媒体だった。筆で書くことができたようであるが、刻んだのは、字が容易に消えず火にあててはじめて変形する条件が肝要だったのであろう。漢字の書体の歴史上で次に位置する金文も、酒器などに刻まれて神への祈りの機能をはたしただけでなく、刻んだ品が贈られ政治上の冊封や同盟関係の証として使われた。書体の歴史上で次に位置する隷書から、墨で書いた文書が実際的な行政の道具として使われるようになる。隷書は書体そのものが木簡に墨書するのに適したデザインになっている。まだ紙が使えなかった事情の反映である。しかし、隷書も、その後の楷書や行書・草書も、紙に墨で書くことが日常化した後、金属器や石碑などに刻書されることによって、漢字がもつ呪的な機能、神との対話や政治的な示威、顕彰を発揚するはたらきをはたした。木簡に字を刻む文化は、こうした漢字が伝統的にもつ呪的な性格を継承したと考えることができるであろう。

そして、刻書する文化のなかで、東アジアの古代漢字文化の特徴の一つである「埋石の誓」に筆者はとくに注目する。現代の台湾に文章を刻んだ石を埋めて永遠の誓いの印とする風習がある由で、それは伝統とひろがりをもつものであったらしく、新羅の『壬申誓記石』がその一例にかぞえられるのである（大阪金太郎「新羅花郎の誓記石」『朝鮮学報』第四十三輯 1967）。その文章冒頭の「壬申」年は西暦五五二年あるいは六一二年と推定されているが、縦二十数センチ横十数センチの卵形の自然石に新羅風にくずれた漢文を刻み、志ある二人の青年が学問を修め国のために尽くす誓いの印として埋めたものである。字句を刻んで人の目から遠ざけて呪句とする行為に筆者は刻書木簡との共通性をみる。以下に本稿で述べるところは、規模や祈る目的はそれぞれ異なっていても、木簡に文字を刻む文化は、このような石に刻んで呪的な機能をもたせる文化と、発想をおおよそのところで同じくするのではないかという趣旨である。

はたして木簡に刻書する文化のなかに呪符としての機能をもたせる様式を帰納できるであろうか。素描を試みる。

三、呪的な性格をもつ刻書木簡

三―一　磐田市御殿・二之宮遺跡の刻書木簡

はじめに静岡県磐田市の御殿・二之宮遺跡の刻書木簡を取り上げる。遠江の国府所在地である。当該遺跡は、水田の外縁部で行われた祭祀の遺構と推定され、祭祀具を流水に流して浄めとする最終段階の跡を伝えると解釈されている。年代は八世紀としか絞り込めない由である（『御殿・二之宮遺跡第六次発掘調査報告書』御殿・二之宮遺跡調査会 1995）。この発掘時の出土木簡は一点のみであるが、多数の木製形代と人面墨書土器、多数の斎串、絵馬一枚、陽物二点が出土した。陽物は魔除けであったと考えて良いであろう。

当該の木簡は現存する長さが三十センチを越える。上部が折損しているので原形は通常の業務用の木簡より大型であったことになる。表裏面とも刻書されていて墨痕は認められない。もともとあった墨が水に流れた可能性は今のところ想定されていない。どちらが表面とも決められないが、先掲の報告書 1995の釈文では、一面は「□久米郷□□」である。二〇一六年五月に筆者が行った実見調査では「郷」字が確認できなかったが、居住地と名とを記したものである点は動かない。

もう一つの面は「大」「一」字がいくつか刻まれたものと解釈されていたが、今回の筆者の実見調査でもおおよそ同じ結果を得た。ただし、報告書 1995は二箇所の「大一」を熟語と解釈して、北極星、最高神の意の呪句を刻んだ可能性を示唆している。陰陽道の用語「太乙」と同義の「太一」の異表記とみなしたのである。しかし、今回の調査ではこの点には否定的な結果を得た。この「大」と「一」とが熟合しているとは確認できない。残存する材の上部の

「大」の下の横線は材の両端に達していて、字でなく罫線などの可能性がある。中ほどの「大」の下の横線は材の端に達していないが、「大」と「二」の熟合と見るには字と字との間隔がないように見える。そして、奈良文化財研究所の木簡データベースによる限り、古代の木簡で「太二」を「大二」と異表記した例が存在しない。「大二」の文字連鎖はすべて数量にかかわる文脈にあらわれている。「太」と「大」の通用は古代日本の木簡に一般的であり、たとえば年号の「大宝」は「太宝」と書かれる。しかし、「太二」と「大二」とは通用しなかったのである。

この結果、当該の木簡が一面に呪句を刻み他面に関係の人名を刻んだ呪符であった可能性は、報告書 1995の示唆したところよりも小さくなった。しかし、その可能性が全くなくなったわけでもない。「大」が呪符に書かれたり刻まれるのはよくあることであるし、その下の横線が罫線などであったとしても呪符の性格を否定する根拠にはならない。後に取り上げる下川津遺跡木簡の折れ線状の模様の例が存在する。そして、当該木簡の刻書は、刃物の類でなく先の固い棒状のもので線を深めに刻み端を綺麗に整えて形を明瞭にあらわしている。筆と墨が手元にない場合の当座の処置でなく、丁寧に字が流れて消えないように刻んだ蓋然性が高いと認められる。通常の木簡より長いことも業務用でなかった蓋然性を示す徴証である。

さて、もしこの磐田市の木簡に呪符としての性格が認められるとすると、その地域的な位置が以下のように考えられることになる。まず、同じ文字文化圏内にあったと推測される伊場遺跡の刻書された呪符とのつながりを想定することができる。

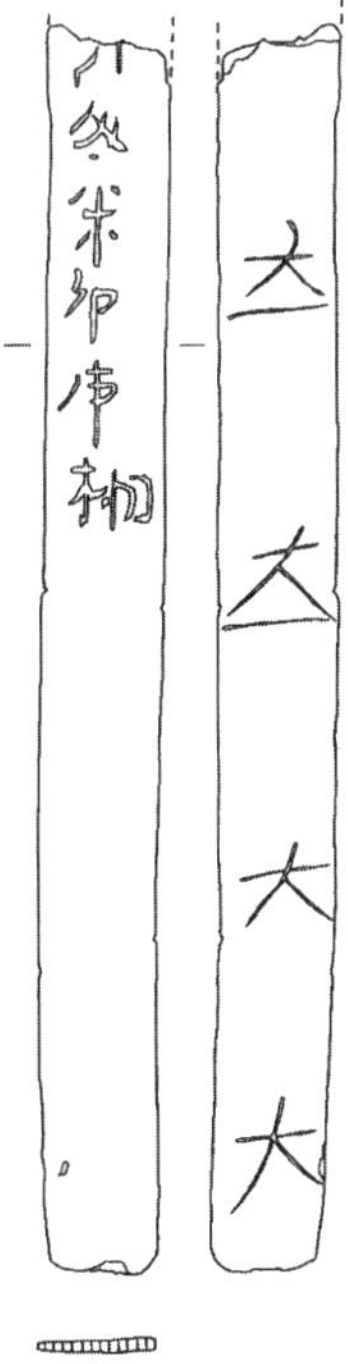

【図1】『御殿・二之宮遺跡第6次発掘調査報告書』（御殿・二之宮遺跡調査会 1995より引用）

三―二　伊場遺跡の呪符木簡との共通性

浜松市の伊場遺跡は敷智郡の郡衙であるから、国府であった磐田市と、遠江の文化としてまとまりがあったと期待される。実際に、たとえば木簡の「〇〇郷戸主〇〇部〇〇」の様式が共通することなどが観察でき、同一の文字文化圏をなしていたとみて良い。

伊場遺跡の枝溝二区から出土した六二号木簡は、原形を留めていて、十七センチの長さ、全文が刻書である。七三〇年代のものと推定されている。輪郭を二重線で刻み間を彫り込んで字形を丁寧に表現しようとした刻書である。ただし、表面の下の二字以外は未完で、裏面の「大」は刻線のみである（『伊場遺跡総括編（文字資料・時代別総括）』浜松市教育委員会 2008）。

・「大『□』大大」（下の「大」二字は上下逆）
・「　　大天」（「天」は上下逆）

この「大」「天」は呪符によく書かれる字であり、出土資料上に例が多い。「大」刻書は藤原宮木簡にもあり、「天」刻書は飛鳥京の石神遺跡木簡にもある。先に取り上げた百済の陽物の刻書にも「天」字が含まれている。『総括編』2008によると、伊場遺跡群の一つである城山遺跡からも表面に顔らしき絵をかき裏面に「天」を書き連ねた木簡が出土していて呪符の可能

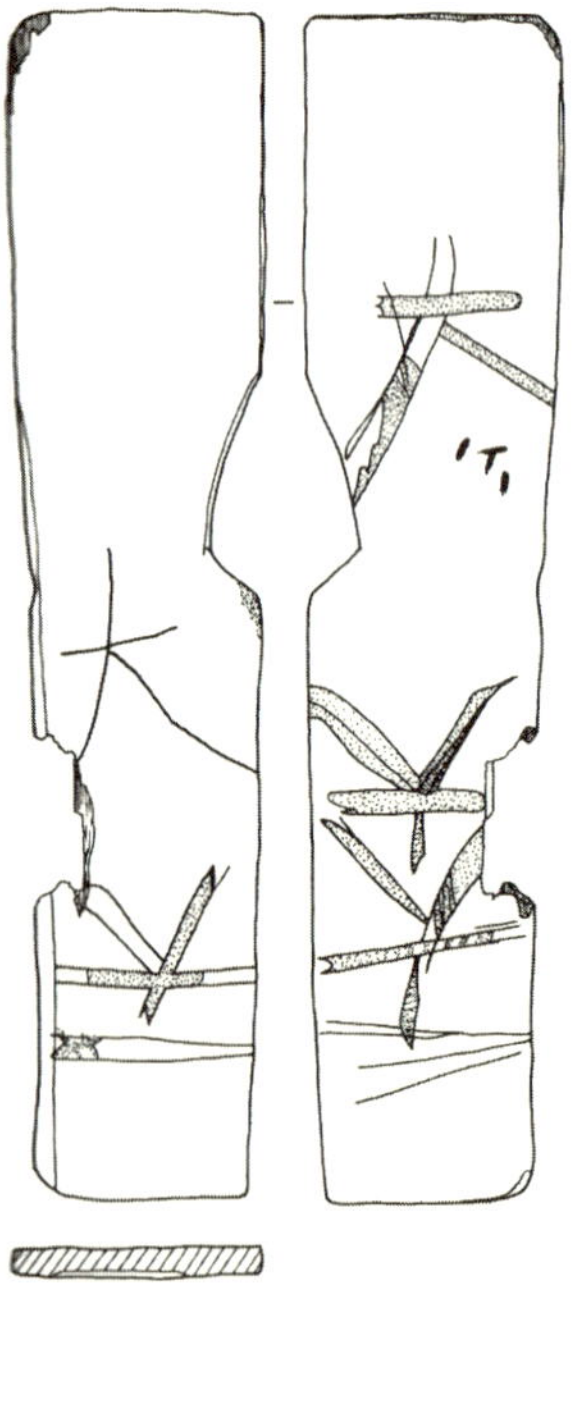

【図2】『伊場遺跡総括編（文字資料・時代別総括）**』**（浜松市教育委員会 2008より引用）

性が指摘されている。

そして、六二号と同じ溝から斎串に「若倭マ小刀自女病有依　【符籙】」と墨書した六一号木簡が出土していて、『総括編』2008では眼病の平癒を祈る形代としての機能をもつ呪符であると推定されている。六二号も呪的な機能をもつもの、あるいはその未完品であった可能性を考えることができるであろう。切込みがあり図版で下側にあたるその角が焼け焦げている。それが作成された目的にかかわるかそれとも廃棄された事情にかかわるかはわからない。『総括編』2008も事実の指摘にとどめて解釈はなされていない。

伊場遺跡の一三号木簡も約十二センチの長さの表裏全文が刻書である。同遺跡のなかでも最も古い七世紀中～後葉の出土物の一つであり、表面の釈文は「山代国連町馬食」である。国名「山代」は「山背」の古い表記かとされている。何に使われたものか確実な推定はなされていないが、裏面の一字目が「患」の縦画を省いた字形である。「急」などでなく「患」の異体字であるとすれば、表面に書かれた人の病にかかわる呪符の可能性を想像できる。小型で四周が削りであることも通常の業務用の木簡ではなかった蓋然性を高める徴証である。

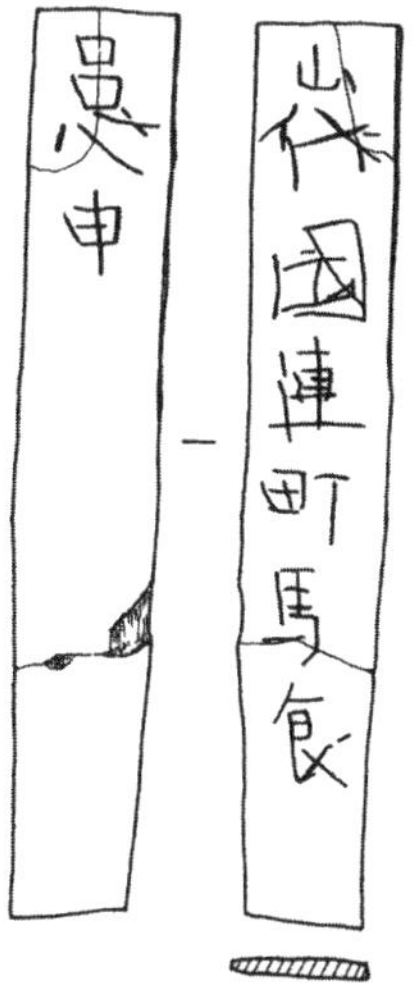

【図3】『伊場遺跡総括編（文字資料・時代別総括）』（浜松市教育委員会 2008より引用）

伊場遺跡から出土した木簡には六一号の他にも呪符であると推定されるものがある。三九号、八九号、一〇二号である。詳細は『総括編』2008を参照されたい。それらの墨書木簡にまじって、上記の刻書木簡は呪的な機能を付与されたものではないかと推測する。なお、伊場遺跡から出土した木簡のなかで最古の二号木簡は、表面の墨書「袁文里百十」が敷智郡「小文郷」「雄踏郷」にあたると推定されるものであるが、裏面に「斯上」にはじまる五字が刻書されている。これも何らかの呪句かとも想像できるが、これ以上の言及は控えるほかない。

この遠江地域の文字文化は飛鳥の都から早くに伝えられたものと筆者は考えている。それは、干支による年号にあたる二字を一字分に書く慣習を例にとって、本フォーラムの二〇一四年度の研究集会で述べたところである。韓国の出土木簡には熟合の度合いの大きい一語にあたる二字を一字分に書いた例がしばしば見られる。たとえば新羅の城山山城木簡の二四号は「乙未年正月十九」という文字列の「乙未」「年」「正月」「十九」をそれぞれほぼ同じ大きさに書いている。日本列島にも同様の例が散見し、とくに七世紀末の木簡に多い。たとえば連番号000002飛鳥池木簡二一一号は「丙子」二字が後の「鍬」「代」とほぼ同じ大きさに書かれている。そして、伊場遺跡の木簡にも八号木簡の「乙未」が「未」の上に「乙」がのるようにして一字分の字幅に書いた例などが見られるのである。

三―三　飛鳥京の呪符木簡との共通性

それでは飛鳥京の刻書木簡のなかで呪符の性格が認められる例を見てみよう。連番号000077は石神遺跡から出土した七世紀中葉のものである。各辺を面取りした小型直方体の形状なので実用の木簡ではなかった蓋然性が高い。

この刻書木簡は先にあげた百済の刻書陽物と関係付けることが許されるであろう。一部の字が上下逆に刻まれていることも、魔除けとして吊り下げた可能性を裏付ける徴証である。時代的にも七世紀中葉のものなので百済との関連を想定できる。新羅との文化的交流が深くなるのは天武・持統天皇の施政が定着した七世紀末である。なお、この隣の溝から「・□天于」「・天王　」と墨書した木簡が出土していることも、その蓋然性を高める。材も書かれた字も大きなもので「呪符のような趣もある」（『木簡研究』第三〇号、木簡学会 2008）と指摘されている。

・「□　　　　　　　　　（上下逆［故ヵ］）
　［　　］天」
・「天天二　　　　　　（裏でなく右側面）
　　九
　天天五

飛鳥京石神遺跡から出土した刻書木簡のうち呪符の蓋然性の高いものをもう一点あげる。連番号0000074である。一面の一行目は解読されていない墨書で二行目が刻書である。他の面は「天」字を含む刻書である。上端の両角が削り落とされている。そして上に懸垂穴があるので掛けてつるしたものである。陽物と同様に魔除けの類であった可能性が考えられるであろう。それなら刻まれた二行目の語句は呪句かもしれない。

・○　□□□
　□結足矩□［真カ］
・○　天□【刻書】

このような、木簡に刻書して呪的な機能を付与する飛鳥の文化に影響されて遠江のものが作成されたのであろうと筆者は推測する。

三—四　百済から飛鳥へ、飛鳥から東へ西へ

材を通常の業務用の木簡と異なる形状に整形し字句を刻書して呪符として使う文化が、百済から大津京、飛鳥京へもたらされ、その文化が、飛鳥からいちはやく遠江へ伝えられたという筋書きを素描した。その道筋には、藤田佳久氏の提唱する中央構造線沿いを想定するのが妥当であろう。飛鳥から南へ伊勢へ、海を渡って三遠地域へという道筋である。伊勢の地域において本稿で取り上げたような呪的な性格の刻書木簡は確認できていないが、日本列島で書かれた最古の文字資料は、弥生時代後期二世紀中頃、三重県津市大城遺跡高杯の「奉」刻書（他の字、字でなく呪的文様とする説もある）であるし、他のさまざまな徴証からも伊勢を通り湾を横切って伝わったと考えて良いであろう。南信に及んだか否か確認できないが、長野県下高井郡木島平村の根塚遺跡から出土した弥生時代後期三世紀後半の土器に「大」刻書が認められる（平成一〇年一〇月二〇日新聞報道。平川南氏の解説による）ので、つながりを想定できる。「入」を刻んだ上に「二」を重ねる筆順が六世紀伽耶の遺跡から出土した刻書土器の「大」と一致する由である。この根塚遺跡では伽耶で流行した様式の渦巻文装飾付鉄剣も出土している。地理的に日本海側から南下した可能性も考えられるが、中央構造線沿いの伝播を支える傍証にはなるであろう。

そして、飛鳥からの伝播は中央構造線沿いに西へも及んだと見ることができる。香川県坂出市の下川津《しもかわず》遺跡から呪符の可能性をもつ刻書木簡が出土しているからである。時代的には七世紀後半の蓋然性が高いとされ、犂、斎串、壷鐙等の多数の木製品と共に旧河道中から出土した。懸垂孔があけられていて、その下に折れ線状の文様を刻んでいることから、祭祀行為に関わる可能性が想定されている（『木簡研究』第一一

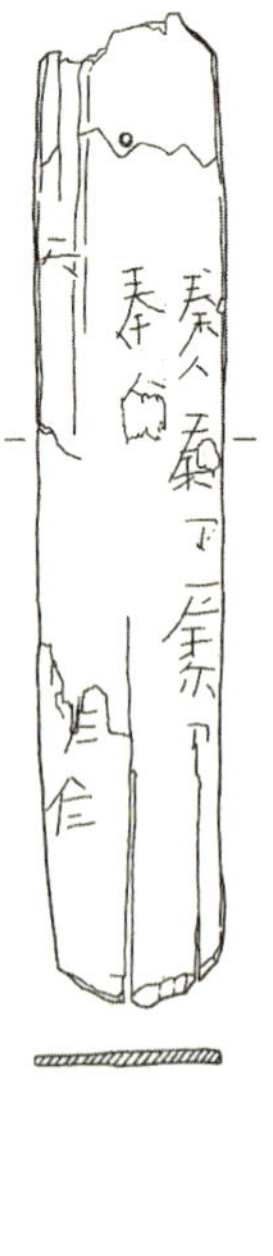

【図4】『木簡研究』第一一号（木簡学会 1989より引用）

号、木簡学会 1989)。水辺で祭祀を行った後に水に流した様子が想定できるわけである。書かれている人名群は渡来系の「秦」氏である。そのなかの「秦尓部」は他に例がないと指摘されているが、伊場木簡にも出てくる「委尓部」ではないかと筆者は疑っている。「ワニ」であったとしても渡来系の氏族である。字句のなかの「部」の略体も旁をローマ字のPのように書く半島風の字形である。ただし、刻書は、伊場六二号と御殿・二之宮の木簡が先の丸い硬いものでくぼみませているのと異なり、刀子様の鋭利な工具で刻まれている。

香川県からさらに西に大宰府があり、その地で百済と同じ性格と機能をもつ陽物が出土しているので、中央構造線沿いの伝播の道筋がすべてつながることになる。

三―五　祈りの主体や寄進物を刻書した可能性

最後に、一見して呪符とは認められない刻書木簡にも呪的な性格が認められるか否か、今後の検討課題になるかと筆者が考えるところを述べる。

連番号000078の飛鳥京の石神遺跡から出土した刻書木簡は、先に取り上げた連番号000077の小型刻書直方体が出土した溝を埋めた後の溝から出土した。時代的には直後のものと考えて良いであろう。

・□百代五十代〔　　　〕『大家臣加□
　四歩□大百代〔　　　〕以蛭マ今女□
　□□□□〔　　　〕乙里田知不
　〔　　　〕石上大連公』

大型の木簡の上部に地積を墨書し下部に歴名を刻書している。名のなかに珍しいものや八色改姓前かと思われるものが含まれているが本稿では考察の外に置く。問題は地積と歴名との関係である。経済関係で解釈するのが自然であろうが、ここであえて取り上げるのは、この付近で僧、紗弥の参加人数を書いた木簡が出土しているからである。記録簡を二次整形したもので、残っている文字は「×廿七人　沙弥六十」である。読経や法会に参加する僧・沙弥の人数と推定されている（『木簡研究』第三〇号、木簡学会 2008）。

もしこの二つの木簡を関連付けて解釈することができるとすると、次のように問題が展開する。想像の域を出ないが、儀式への供物とその寄進者という解釈ができないであろうか。と言うのは、先に取り上げた名古屋市の志賀公園遺跡は川に面していて流通の拠点であると同時に水辺祭祀を行うのにふさわしい場所だからである。伴出した木製品が形代であったとするとその蓋然性が高くなる。「奈女□首□□」が稲「六束」を捧げて祈った可能性はないのであろうか。

およそ、水辺で祭祀を行った後に使った祭祀具を水に流す行為は普遍的である。百済の陵山里寺址からは、紙のように薄く削った木材に「三貴、至丈、今母、次夕」等の歴名を書いたものが出土している。裏面に「水」字の古体がびっしりと書き込まれていて呪符かと推定されている（方国花「扶余陵山里出土の二九九号木簡」『木簡と文字』第六号、韓国木簡学会 2010）。この墨書は薄い材に書くことで早々の消滅を期待する事情があったと想像できる。整形した材に刻書して字が水に流れないように措置するのとは裏腹の関係になる。整形した材に刻書された字句は確かに思いが届くようにとの措置、薄く削った材に墨書された字句は届いた後すみやかに消えるのを期待する措置ではなかったかということである。

この想定が成り立つとすると、木簡に人名や物量を刻書する意味合いに広がりがもたらされる。磐田市の御殿・二之宮遺跡の刻書木簡も、水辺での祭祀行為において関係者の名と呪句「大」などを刻んで祈った後で水中に投棄した可能性の成り立つ蓋然性が改めて高まることになる。

四、小結

木簡に刻書した意義について考えたところを整理し、課題を付け加えて、ここに試みた荒い素描のまとめとする。

呪物として使う木製品に呪句を墨書でなく刻書したのは、書いた字が失われないための配慮であった。そもそも漢字というものは、刻むことによって永遠性を保ち、もって神との交流やさまざまな権威の発揚を期するという性格をもっている。それが刻書木簡の一部に引き継がれたのである。そのように考えると、難波宮跡から出土した「はるくさ」木簡の一部の字の上に刻線があることも視野に入る。刻書された木簡が呪的な目的のために作成されたか否かを考える際には字の刻み方と材の形状に注目すべきである。字を丁寧に刻み業務用の木簡とは異なる形に整形されているはずである。線による飾りや絵などが伴うことも予想される。

刻書は水辺で行う祭祀、祈った後に祭祀具を水に流す事情においてとくに有効であったろう。語句が失われることなく呪符としての機能を確かにはたすための措置である。そして、その点で、物資を運搬する際に数量の記述が損なわれないこと、容器に物を盛って使うときに祝句としての字が消えないことを期するなどの実用上の措置としての刻書と、現象上の重なりが生じる。物資（供物）の量と供養者の名を書き、その一部を刻んで、呪符にした木簡があったのではないかと想像する。ただし、それをもし認めると問題がとめどなく拡散する危険があり、示唆に留めて今後の検討に待つほかかない。

木簡の類に刻書して呪符として使う文化が七世紀に日本列島に伝播した道筋は次のように想定される。まず百済から飛鳥へ。飛鳥から中央構造線沿いに、西へ、讃岐、大宰府、伊勢を通って、東へ遠江、さらには信濃。言うまでもないが、それ以前からの刻書文化の伝播としては、大宰府から東へ、信濃から南への線も想定できる。中央構造線に沿って伝わった後は、さらにその周辺へ伝播したであろう。遠州から三河、尾張へ木簡に刻書する文化が伝わったことも視野の裡に入ってくる。

謝辞
御殿・二之宮遺跡の出土物に関する実見調査と発掘調査報告書の閲覧と図の複写には磐田市埋蔵文化財センターの格別の御厚意を得た。

古代史料にみる三遠

北川　和秀

一、はじめに

参河国（愛知県東部）と遠江国（静岡県西部）とは隣国同士ではあるが、『万葉集』において、東歌・防人歌の範囲はともに遠江国以東（東山道では信濃以東）であり、参河国は含まれない。また、『延喜式』（民部上）においても、参河国以西は「近国」、遠江国以東は「中国」と規定されている（東山道では信濃以東が中国）。こういった事象に注目すると、古代においては参河国と遠江国との間に一つの境界線があったように見える。

本稿においては、古代史料をもとに、参河国と遠江国との間にいかなる差違があったのかを考察する。考察は三つの材料から行う。一つは六国史の記事、二つは両国の木簡、三つは方言（東歌・防人歌と『和名類聚抄』の地名表記）である。以下、三節を設けて検討する。

二、六国史の記事

参河国・遠江国の位置付けを考える上で参考になる記事は以下の通りである。(1)

①天皇、大臣に詔して曰はく、「是の月に起して十二月より以来を限りて、宮室を営らむと欲ふ。国国に殿屋材を取らしむべし。然も東は遠江を限り、西は安藝を限りて、宮造る丁を発せ」とのたまふ。

（『日本書紀』皇極元・九・一九）

＊飛鳥板蓋宮の建設にまつわる記事である。ここでは、遠江から安藝までの範囲から人員を徴発しており、その範囲の東限は参河・遠江間ではなく、遠江・駿河間に設定されている。

②陸奥・越後の二国の蝦夷、野心ありて馴れ難く、屢良民を害す。是に、使を遣して遠江・駿河・甲斐・信濃・上野・越前・越中等の国を徴り発さしむ。

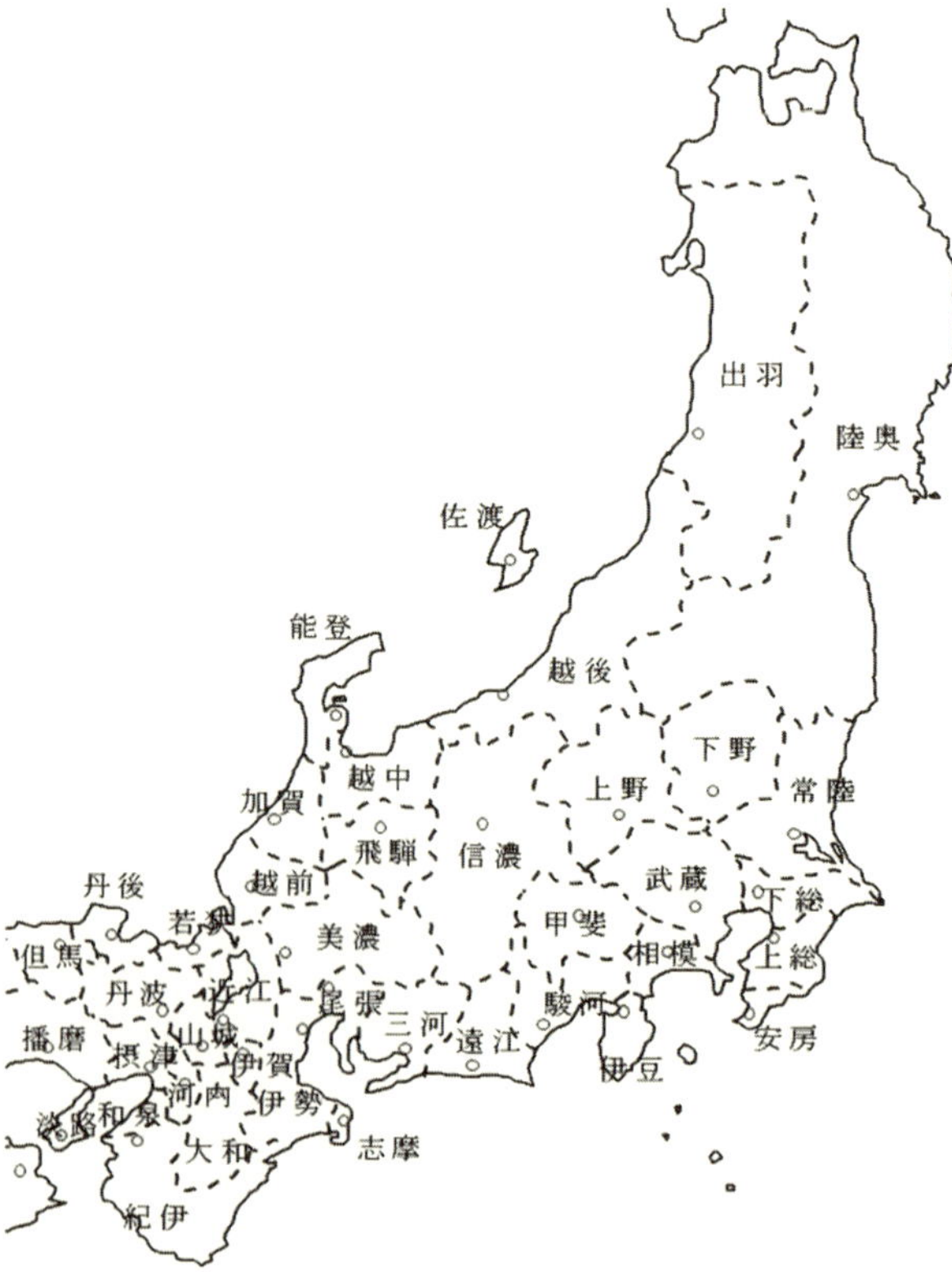

（『続日本紀』和銅二・三・六）709

＊陸奥・越後の蝦夷に対するために兵員を徴発する記事である。東海道は遠江以東、東山道は信濃以東が対象になっており、これは東歌・防人歌の地域とそのまま重なる。これに加えて北陸道の越中以東の諸国も対象になっている。

③遠江・駿河・甲斐・常陸・信濃・上野・陸奥・越前・越中・越後等の国の士の、征役経ること五十日已上の者に、復一年賜ふ。

（『続日本紀』和銅二・九・二六）709

＊前項と直接関連する記事で、従軍期間が長期にわたる兵の税を免除している。対象となる範囲も前項と完全に一致している。

④伊勢・尾張・参河・駿河・伊豆・近江・越前・丹波・但馬・因幡・伯耆・出雲・播磨・備前・備中・備後・安藝・紀伊・阿波・伊予・讃岐等の廿一国をして、始めて綾錦を織らしむ。

（『続日本紀』和銅五・七・一五）712

＊税として新たに綾錦を課すことにした国が列挙されている。参河があるが、遠江はない。

⑤大倭・参河をして並に雲母を献らしむ。

（『続日本紀』和銅六・五・一一）713

＊参河から雲母が産出したことが知られる。

⑥制すらく、「諸国の庸の綿、丁ごとに五両。但し安藝国の糸は、丁ごとに二両。遠江国の糸は三両。並に二丁を以て屯・絢と成せ」といふ。

（『続日本紀』和銅七・四・二二）714

＊遠江が糸の産地であったことが知られる。『延喜式』（主計上）においても庸として糸を輸すのは遠江・安藝の二国のみであり、この記事と照応する。

⑦始めて按察使を置く。……遠江国守正五位上大伴宿祢山守は駿河・伊豆・甲斐の三国を管めしむ。……美濃国守

従四位上笠朝臣麻呂は尾張・参河・信濃の三国を管めしむ。

（『続日本紀』養老三・七・一三）719

＊隣接する数カ国の行政を統轄する按察使を設置した記事で、遠江・駿河・伊豆・甲斐の東海道四ヶ国が一組にされ、尾張・参河・美濃・信濃の東海・東山両道に亙る四ヶ国が別の一組にされている。この組合せには、参河と遠江とが別のグループであるという認識が反映されている可能性があろう。

⑧伊勢・志摩・尾張・参河・遠江・美濃・飛騨・若狭・越前・丹後・但馬・因幡・播磨・美作・備前・備中・淡路・阿波・讃岐等の国司、是より先、使を奉けて京に入るに、駅に乗ることを聴されず。是に至りて始めて聴す。但し伊賀・近江・丹波・紀伊の四国は、茲の限に在らず。

（『続日本紀』養老六・八・二九）722

＊都から中距離の位置に所在する諸国の国司が上京する折に、官馬を用いることを許す記事である。ここに列挙された国々よりもさらに遠方の諸国（東海道では駿河以東、東山道では信濃以東、……）の諸国については、これ以前から官馬の使用が認められていたのであろう。この記事では、参河と遠江とは同じ扱いになっている。

⑨太政官処分すらく、「新任の国司任に向ふ日、伊賀・伊勢・近江・丹波・播磨・紀伊等の六国には食・馬を給はず、志摩・尾張・若狭・美濃・参川・越前・丹後・但馬・美作・備前・備中・淡路等の十二国には、並に食を給ひ、自外の諸国には、皆伝符を給へ。……」といふ。

（『続日本紀』神亀三・八・三〇）726

＊新任の国司が任国に着任するに際して、国の遠近に応じて、食料も官馬もともに給付しないか、食料のみを給付するか、食料も官馬も給付するか、その別を定めた規程である。国名の排列が一部錯綜しているが、参河は食料のみ給付しているのに対し、遠江は食料と官馬と両方を給付することになっており、参河と遠江との間に境界線が認められる。

⑩従四位下藤原恵美朝臣朝狩を東海道節度使とす。……その管れる遠江・駿河・伊豆・甲斐・相模・安房・上総・

下総・常陸・上野・武蔵・下野等の十二国、……。（『続日本紀』天平宝字五・一一・一七）761

＊諸道の節度使を任じた記事で、東海道節度使には、東海道の遠江以東に加えて、東山道のうち上野以東の三ヶ国（当時、武蔵は東山道所属）を管轄させている。この記事からも参河と遠江との間に境界線のあったことが窺える。

⑪上、服を著るに、服は遠江の貲布を用い、頭巾は皀厚繒。百官惣て素服す。（『日本後紀』大同元・三・一九）806

＊桓武天皇の崩御に際し、践祚した安殿親王（平城天皇）が遠江の貲布を着用した記事。

⑫天皇清涼殿に素服を着る。〈遠江の貲布を以て御冠を着奉る。〉哀泣殊に甚し。（『続日本後紀』承和七・五・九）840

＊淳和上皇の崩御に際し、仁明天皇が遠江の貲布を着用した記事。遠江の貲布は⑪の記事でも用いられている。

以上の諸記事のうち、②③⑦⑨⑩では参河・遠江間に境界が設定されており、一方、①⑧では遠江・駿河間に境界が設定されている。この二通りの境界設定が存在するものの、東歌・防人歌の範囲や、近国・中国の境界のことも併せ考えると、参河・遠江間に境界を設定することがより一般的であったと考えられる。

また、参河の産物に綾錦（④）や雲母（⑤）、遠江の産物に糸（⑥）や貲布（⑪⑫）のあったことが知られる。

三、木簡

参河国・遠江国からの更新物に付けられていたとおぼしき荷札木簡の出土数は、参河国八〇点、遠江国九点と両国で非常に大きな差がある。そしてその内容にも顕著な差が認められる[2]。

例えば次のような木簡がある。

・参河国播豆郡篠嶋海部供奉七月料御贄佐米楚割六斤

（平城宮内裏北方官衙地区出土）『平城宮木簡一』370

参河国幡豆郡の篠嶋から七月分の御贄としてサメの干し肉を貢進した木簡である。参河国関係の木簡にはこのように海産物を御贄として貢進した木簡が極めて多く、五三点を数える。これは全国の御贄木簡を国別に集計したものの中で最も多く、第二位の若狭国が一九点であるのと比べて大きな差を付けている。

参河国の御贄木簡は全て幡豆郡のもので、現在三河湾三島と称される篠嶋（現在も篠島）・析嶋（現在の佐久島）のも

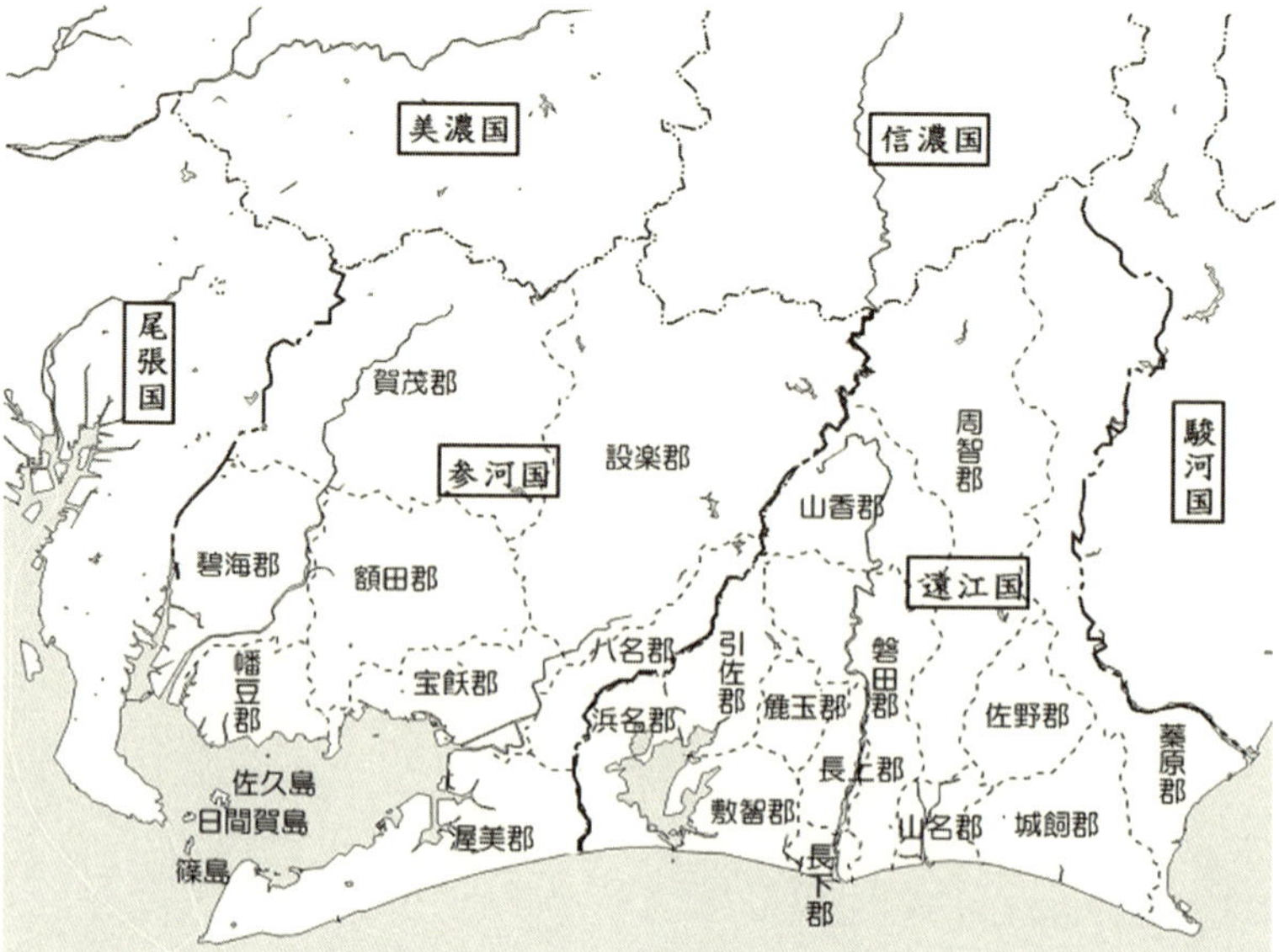

のが大部分を占め、比莫嶋（現在の日間賀島）のものが2点ある。幡豆郡から貢進された御贄木簡を月別の表にして示す。

月	品名	貢進地			
正月	須須伎楚割 赤魚	篠島（1点） 篠島（1点）			
二月	佐米楚割 毛都楚割		析嶋（1点） 析嶋（2点）		
三月	佐米楚割 宇波賀楚割 赤魚楚割	篠島（2点） 篠島（1点） 篠島（1点）	析嶋（2点）		
四月	佐米楚割 黒鯛		析嶋（3点）	比莫嶋（大贄1点）	
五月	佐米楚割	篠島（4点）			
六月	佐米楚割	篠島（1点）	析嶋（4点）		
七月	佐米楚割 鯛楚割	篠嶋（4点）	析嶋（1点） 析嶋（1点）		不明（3点）
閏七月	鯛楚割	篠島（1点）			
八月	佐米楚割 鯛楚割		析嶋（5点） 析嶋（1点）		

九月	佐米楚割 鯛楚割	篠島（2点） 篠島（1点）		比莫嶋（1点）	
十月	毛都楚割		析嶋（1点）		
十一月	須須伎楚割	篠島（2点）			
十二月	佐米楚割		析嶋（1点）		
月不明	佐米楚割 鯛楚割 毛都楚割	篠島（1点）	析嶋（1点）	不明（1点） 不明（2点）	

御贄として貢進される海産物の種類は、サメ、タイ（黒鯛を含む）、スズキ、赤魚、宇波賀、毛都である。月別に見ると、多少の例外はあるが、奇数月は篠嶋、偶数月は析嶋という隔月の分担が看取される。なお、右の表で貢進月不明・貢進地不明の「毛都楚割」2点のうちの1点は幡豆郡のものかどうかも不明であるが、他例から推して幡豆郡のものと推定し、この表に載せた。

幡豆郡から貢進された産物で、御贄以外のものには、伊支須（佐古嶋）、多比（矢田里）、調として小凝（郷名不明）、大御米がある。

幡豆郡以外の郡からは、碧海郡から米（2点）、賀茂郡から米（1点）、額田郡から米、白米、庸米（各1点）、宝飫郡から中男作物小擬、海松、仕丁米（各1点）、八名郡から庸米（2点）、渥美郡から調塩（5点）、庸塩（1点）、赤米（1点）、舂糯米（1点）などの出土例がある。

以上が参河国から貢進された産物の木簡である。一方、遠江国から貢進された産物の木簡は九点しかない。このうち産物名の判明するものは八点で、以下の通りである。

長上郡から塩年魚（1点）、長下郡から中男作物として堅魚（1点）、城飼郡から玄米（1点）、山名郡から中男作物として堅魚（1点）、敷智郡から糸（1点）、郡名不明で、糸（1点）、雑魚（2点）であり、御贄や大贄はない。

以上の通り、参河国と遠江国との間には大きな相違がある。参河国は御贄の貢進国として、もっぱら幡豆郡の篠嶋と析嶋とを中心にその任に当たり、この両島は月番の形でサメなど何種かの魚を貢進している。他に渥美郡の塩も目立つ。一方の遠江国は長上郡の塩アユ、長下郡・山名郡のカツオなどの他は、糸や雑魚の貢進例が見えるのみである。なお、糸の貢進は前節の『続日本紀』の記事と符合する。

四、方言

1．遠江国の東歌・防人歌

万葉集には遠江国の東歌が三首、防人歌が七首採録されている。(3)

①あらたまの伎倍《きへ》の林に汝《な》を立てて行きかつましじ眠《い》を先立たね（巻十四・三三五三）東歌

②伎倍人《きへひと》の斑衾《まだらぶすま》に綿さはだ入りなましもの妹《いも》が小床《をどこ》に（三三五四）同

③遠　江《とほつあふみ》引佐《いなさ》細江《ほそえ》の澪標《みをつくし》吾《あれ》を頼《たの》めてあさましものを（三四二九）同

④畏《かしこ》きや命被《みことかがふ》り明日ゆりや草《かえ》がむた寝む妹《いむ》無しにして（巻二十・四三二一）防人歌。長下郡の物部秋持

⑤わが妻はいたく恋ひらし飲む水に影《かご》さへ見えて世に忘られず（四三二二）同。麁玉郡の若倭部身麻呂

⑥時時《ときどき》の花は咲けども何すれそ母とふ花の咲き出来《でこ》ずけむ（四三二三）同。山名郡の丈部真麻呂

⑦遠江《とへたほみ》白羽《しるは》の磯と贄《にへ》の浦とあひてしあらば言も通《かゆ》はむ　（四三二四）同。山名郡の丈部川相
⑧父母も花にもがもや草枕旅は行くとも捧《ささ》ごて行かむ　（四三二五）同。佐野郡の丈部黒当
⑨父母が殿の後方《しりへ》の百代草《ももよぐさ》百代《ももよ》いでませわが来《きた》るまで　（四三二六）同。佐野郡の生玉部足国
⑩わが妻も絵に描《か》きとらむ暇《いづま》もが旅行く吾《あれ》は見つつしのはむ　（四三二七）同。長下郡の物部古麻呂

右の十首のうち、特に防人歌には畿内とは異なる多くの語形が使用されている。いずれも母音交替形で、畿内のオ列甲類がウ列音で現れているものが四例、畿内のエ列乙類がオ列乙類で現れているものが二例ある。以下の通りである。

【畿内はオ列甲類⇕遠江はウ列音】
・明日より⇕明日ゆり（④）、いもなし⇕いむなし（④）、かよはむ⇕かゆはむ（⑦）、いとま⇕いづま（⑩）

【畿内はエ列乙類⇕遠江はオ列乙類】
・かげさへ⇕かごさへ（⑤）、ささげて⇕ささごて（⑧）

遠江国との比較のために、東の隣国である駿河国の東歌・防人歌を見てみると、駿河国では、畿内のオ列音がエ列音で現れているものが一二例で最も多く、次いで畿内のエ列甲類がイ列甲類で現れているもの四例である。歌自体を列挙することは省略し、該当部分のみ以下に示す。（　）内の数字は歌番号である。

【畿内はオ列音⇕駿河はエ列音】＊甲乙の区別のあるものは乙類⇕乙類
・たたみこも⇕たたみけめ（四三三八）、おもかはり⇕おめかはり（四三四二）、おもへど⇕おめほど（四三四三）、こもち⇕こめち（四三四三）、わすらむと⇕わすらむて（四三四四）、わぎもこ⇕わぎめこ（四三四五）、うちよする⇕うちえする（四三四五）、恋しくも⇕恋しくめ（四三四五）、幸くあれと⇕幸くあれて（四三四六）、ことば⇕

けとば（四三四六）、言葉ぞ⇕言葉ぜ（四三四六）

【畿内はエ列甲類⇕駿河はイ列甲類】＊「やまび」のみ乙類

・やまべ⇕やまび（三三五七）、かへり⇕かひり（四三三九）、いへ⇕いひ（四三四三）、

わがめ⇕わがみ（四三四三）

畿内との母音交替の傾向を、畿内↓遠江・駿河という方向の矢印で示せば、下図のようになる。これを見ると、畿内の語形との対応関係という点からは、遠江の言葉と駿河の言葉とは大きく傾向を異にしており、両国の言語には明らかに相違があることが分かる。

参河の言葉の実態についても知りたいところであるが、参河は東歌・防人歌の地域ではないので、残念ながらそれを知る材料がない。その代わりにはならないが、参河の言語が西日本型に属すると推定できる材料が地名表記にある。次項でそれについて触れる。

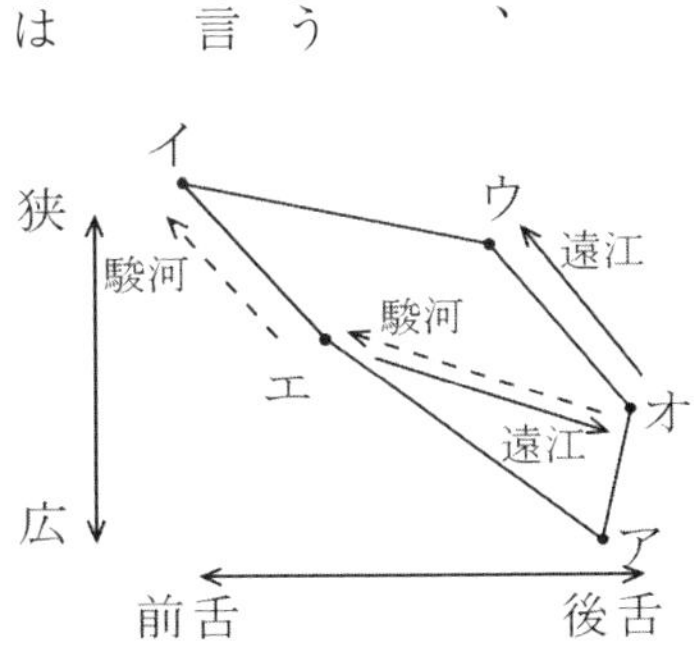

2.『和名類聚抄』における「紀伊型」地名表記

大宝年間に国名表記が二字化され、和銅の頃に郡里名の二字化も始まった。その際、一音節の地名を二字表記するのは困難であったが、その方法として、一字地名（を字音仮名表記して）にその地名の母音を付加するという方法を採ることがあった。

例えば、紀伊国は古事記において「木国」と表記されている。よみは「き」の国であろう。この国名を二字化するに当たっては、まず「き」を字音仮名で「紀」と表記し、その後ろにkiの母音iの字音仮名表記「伊」を付加して「紀伊」と表記した。表記は二字となるが、発音は「き」のままであった。現代の関西では、一音節語は「木（き

い)」「火(ひぃ)」の様に発音される。上代においても一音節語は同様に発音していたのではあるまいか。それでこのような方法が案出されたものと考えられる。(4)

この型の表記は、国名にあっては紀伊だけであるが、郡郷名においては二〇例近く拾うことができる。以下、この例を西から東へという順で示す。〔 〕内は『和名類聚抄』に付されている訓である。

【国名】

紀伊国

【郡名】

大隅国噌唹郡〔曽於〕、肥前国基肄郡、備中国都宇郡〔津〕、山城国紀伊郡〔支〕、参河国宝飯郡〔穂〕←宝飫郡

【郷名】

日向国児湯郡覩唹郷、肥前国基肄郡肄郷〔木伊〕、肥後国八代郡肥伊郷、豊前国田河郡雉怡郷、筑前国早良郡毗伊郷〔比〕、讃岐国苅田郡紀伊郷、長門国大津郡由宇駅、周防国玖珂郡由宇郷、出雲国大原郡斐伊郷、安藝国沼田郡都宇郷、安藝国佐伯郡濃唹郷、備後国沼隈郡津宇郷、和泉国日根郡呼唹郷、紀伊国名草郡野応郷、山城国紀伊郡紀伊郷、近江国浅井郡都宇郷、遠江国引佐郡渭伊郷〔井以〕(高山寺本)・〔イ、〕(名博本)・〔為以〕(東急本)、越後国頸城郡都有郷〔都宇〕(東急本)・〔豆宇〕(高山寺本)

附訓されている例の中には、表記は二字でも訓は一音のものと二音のものとがある。一音のものは古形を保っているもの、二音のものは表記に引かれて訓みも二音節化してしまったものであろう。

右に列挙した地名表記は見事なまでに分布が西日本に偏っており、東日本に位置するのは参河国宝飯郡、遠江国引佐郡渭伊郷、越後国頸城郡都有郷の三件のみである。この現象は、上代における一音節語の発音が西日本と東日本と

で相違していたことを推測させる。(5) 参河国宝飯郡は国造本紀に見える「穂国」に相当するのであろう。国造本紀の排列は地理上の位置関係に対応しており、「穂国造」が「参河国造」と「遠淡海国造」との間に位置していることも、穂国が後の宝飯郡と関係することを裏づける。なお、宝飯郡は木簡では「宝飫」郡と表記されている。ところが「飫」があまり用いられない文字であることから、後世、「飯」と誤写され、それがそのまま定着して、訓みも「ほい」に変化したものであろう。「宝飫」郡という表記の存在をもって、参河は西日本型の言語地域であったと推測される。さて、遠江はどのように考えたら良いか。国単位で考えるならば、遠江も「渭伊」郷という表記の存在をもって、西日本型の言語地域であったということになる。しかし、渭伊郷は遠江国の西端付近に位置し、東参河の宝飫郡にほど近い。フォッサマグナの西縁よりも西に位置していることでもあり、参河の言語現象が国境を越えて渭伊郷にまで及んだとも考え得る。結論は保留としたい。

越後国頸城郡都有郷の位置については諸説あるが、現在の上越市の一部と考えられる。この都有郷のみを例外として、紀伊型地名は全てフォッサマグナの西縁よりも西に位置している。都有郷もフォッサマグナ地溝帯の中には含まれている。

五、おわりに

以上、古代における参河国と遠江国との相違点を、六国史の記事、貢進物の木簡、方言という三点から考察してきた。その結果、参河と遠江とは同じ東海道に所属する隣国同士でありながら、その政治的、産業的、言語的な性格・位置づけはだいぶ異なるものであったことが推測された。

古代におけるこうした相違は両国の基本的な土台の相違として存在し続けたことであろうが、やがて時の経過とともに薄らいでいった部分もあろうかと思う。本稿は時代を古代に限定しての考察であったので、後世における変化は全く分からない。今後はこうした相違点が時代を降るにつれてどのように変化していったのか、関心をもち続けてゆきたいと考えている。

〔注〕

1　日本書紀は岩波書店の日本古典文学大系本、続日本紀は同じく新日本古典文学大系本を用いた。日本後紀と続日本後紀は吉川弘文館の新訂増補国史大系本をもとに訓読した。

2　木簡の検索には、奈良文化財研究所の「木簡データベース」（https://www.nabunken.go.jp/Open/mokkan/mokkan.html）を用いた。

3　万葉集の本文は岩波書店の日本古典文学大系本による。

4　これに関しては、蜂矢眞郷氏『古代語の謎を解く』（大阪大学出版会　平成二一年三月）、同氏「地名の二字化―和名類聚抄の地名を中心に―」（京都地名研究会『地名探求』一〇　平成二四年四月）に詳しく述べられている。

5　これに関しては、遠藤邦基氏「古代東国語の音節構造―中央語との比較から―」（『叙説』二　昭和五三年四月）においてすでに明らかにされている。

付記

平成二十九年一月二十八日に愛知大学で開催された越境地域政策研究フォーラムの分科会5において、「紀伊型」地名表記のことを述べたとき、私は遠江国引佐郡渭伊郷の例を見落としていたために、「紀伊型」地名表記は参河以西に限られるとして、これを参河と遠江との相違点の一つと発言してしまいました。また、遠藤氏の先行研究がすでに存在していたことも不勉強のために知らず、それに言及することもできませんでした。フォーラムに参加された方々と遠藤氏とにお詫び申し上げます。

また、フォーラムの数日後、私のレジュメをご覧くださった中部大学の蜂矢眞郷先生からご指摘いただき、渭伊郷の見落としと、遠藤氏の論文の存在とを知ることができました。ご親切に御教示くださった蜂矢先生に篤く御礼申し上げます。

参河・遠江国と古代東海道 ―万葉集「引馬野」の所在と結び付けて―

竹尾　利夫

一、はじめに

日本の各地には古道と呼ばれる歴史を語る道が残る。静岡県の西部、湖水の名を「遠《とお》つ淡海《あわうみ》（遠江）」と呼んだ浜名湖の北岸を廻る「姫街道」もそのひとつ。近年の古道ブームの先駆けとなったのは、奈良県桜井市から三輪の山裾を廻り奈良へと通じる「山ノ辺の道」である。ところが近年、高速道路等の建設に伴う発掘調査が行なわれ、古代の道路跡が全国各地で発見されるようになると、新たな知見が加わった。驚くのは、そうした高速道路近くで発見される古代官道の可能性をもつ道は、姫街道や山ノ辺の道などの古道と違って、直線で計画的に敷設された道路であったからだ。(1) 確かに、ほぼ直線的な道路は古代にもあった。古代国家が誕生する頃から道の重要性が一挙に高まって、畿内では七世紀中頃に奈良盆地を南北に通じる三本の道が設けられた。上ツ道・中ツ道・下ツ道がそれである。造都の計画が始まる飛鳥から難波へ向かう横大路や竹内街道が通じたのも七世紀初めである。

道の果たす役割は大きい。人の移動や物資の輸送はむろんのこと、特に情報伝達を人に頼るしか方法のなかった近代以前には、道路の存在が政治を左右したといっても過言ではない。律令制度のもとで都を中心とした計画的、直線的な道路が必要とされたのは当然であろう。中世にできた京と鎌倉を結ぶ鎌倉街道や江戸幕府の五街道の整備でもわかるように、緊急時における連絡網の必要性が道路の整備を促したのであった。しかし、道はこうした政治的統御の面だけではない。情報伝達を介して文化の伝播にも大きな役割を担った。道路は国家政策の産物であり、各地に残る道にはそれぞれ時代の歴史が凝縮されていると言ってよい。

本稿では、東海地方の三河・遠江という越境する二国の歴史と文化を考察するにあたり、道が語る交流の歴史を文学の視点で明らかにしたいと思う。特に古代の行政単位であった「参河国」（本稿では愛知県東部について古代の行政区分を「参河」、現代を「三河」の表記で区別する）でいえば、古代東海道によって東は遠江・駿河国へと通じ、西は尾張・伊勢国などにつながる。また三河地方を流れる豊川・矢作川の河川交通や足助・伊那街道等に目を向ければ南信濃へも通じていた。さらには渥美・知多の半島に囲まれた三河湾では海上交通が発達して三河と伊勢とを結んだ。そして古代史的に見るならば、参河・遠江の二国は畿内から東国への道筋にあたり、詳しくは後述するように、遠江国は東国すなわちアズマへの入口でもあった。

二、東国《アズマ》の範囲

古代において中央集権国家の形成が図られると、新たな行政区分が定められた。いわゆる五畿内と七道である。そして都から七道の諸国への道路網として官道が整備された。中央と地方を結ぶ各所に駅家を設けて人馬を常備したのである。さらに七世紀後半の天武朝になると東海道に鈴鹿《すずか》関、東山道に不破《ふわ》関、北陸道には愛発《あらち》関の三関が置かれた。とりわけ東海道・東山道の関の東は、文字どおり関東と呼ばれる東国であった。これらの関所は都や畿内を事変から守るために設置されたようで、山陰道・山陽道などの西国へ向かう道には皆無であった。こうしたことを考慮すると、古代の関所の設置は畿内と東国との政治的な関係による措置であったと考えられる。

ところで、古代和歌を集大成した『万葉集』を読むと、古代の東海道に所属した三重県・愛知県・静岡県の歌々は、それぞれ興味深い様相を呈している。まず「神風の伊勢の国」と歌に詠まれた三重県は、古代において伊勢神宮が一地方の神から天皇家が祀る神としてその地位を獲得したことなどもあって、早くから中央の畿内と深い関わりをもち、天武・持統・聖武の各天皇は、いずれも伊勢の地を訪れている。そして尾張・参河の二国からなる愛知県は壬申の乱（六七二年）後、大宝二年（七〇二）に持統太上天皇の行幸もあり、『万葉集』には行幸に従駕した歌人たちの歌が残る。古代において天皇の行幸の及んだ国は、この参河国が東限となっている。

では、旧国名でいう遠江・駿河・伊豆の三国が東西に連なる静岡県はどうか。これらの国々は中央との接点があった三重県や愛知県とは違って、文学史的には畿内の歴史風土とは異質な歌の世界が展開する。たとえば『万葉集』に収載された「東歌」や「防人歌」がそれである。作者未詳の短歌ばかりを収めた歌巻に、ことさら「東歌」とあるのは東国地方すなわちアズマの歌を載せていることを明示したものである。この「アズマ」は畿内から見て東方に位置する地域を指す呼称であるが、こうした『万葉集』自体が包括する歌のありようからすると、畿内のヤマト王権にとってアズマは政治的に特別視された地域であることがわかる。そして「東歌」の中で、国名別に分類された歌を見ると、国名でいえば遠江・信濃以東がその範囲となっている。つまり『万葉集』では、東海道所属の国では遠江以東、東山道所属では信濃以東の国々をアズマと認識しているのである。

また『万葉集』巻二十には、天平勝宝七歳（七五五）大伴家持によって採集された東国兵士の歌を「防人歌」として載せるが、その出身地は遠江・信濃以東に限定される。東歌の範囲と同じである。『万葉集』に残る「東歌」と「防人歌」のありようは、遠江・信濃以東の国々が、畿内や西国とは異なる地域と認識されていたことを物語っている。言葉や文化的な違いから日本列島を大きく東と西に分ける対立は、すでに古代から存在していたのである。

ここで、古代の「東国」を意味するアズマの範囲が固定的でなかったことについて付言しておこう。古代に成立した『古事記』や『日本書紀』あるいは『万葉集』等から、古代アズマの境界線を示すと次のようになる。

① 足柄峠（駿河・相模国境）・碓氷峠（信濃・上野国境）以東 …『古事記』『常陸国風土記』

② 遠江国・信濃国以東……………………………『万葉集』東歌および防人歌の配列

③ 不破の関・鈴鹿の関以東……………………『日本書紀』天武前紀に見る壬申の乱の記述

先ず①は『古事記』に見る倭建命《やまとたけるのみこと》の東征説話である。それによると倭建命が蝦夷《えみし》を服従させた帰り、足柄山の坂に立ち、浦賀の走水の海で身代わりとなって入水した妻の弟橘姫《おとたちばなひめ》を偲んで「吾嬬《あづま》はや」と三度嘆いたと伝える。そのことがあって、これらの地を「アヅマ」と称するようになったというのである。地名伝承を背後にもつ故事である。もちろん倭建命は伝説上の人物であろうが、そこに語られている物語はヤマト王権が勢力を拡大した史実を反映していると考えられる。

次の②は先に述べた巻十四「東歌」の配列が示すアヅマの境界である。その範囲は①③のどちらとも異なっている。『万葉集』独自の境界と考えてよいだろう。そして残る③が『日本書紀』の記述に見えるアズマである。六七二年の壬申の乱の時、吉野で兵を挙げた大海人皇子が「東国」に向かい不破関を押えたのを東国に入ったと記す。

こうした古代文学におけるアヅマの境界の異同については、おそらくヤマト王権の東国へ進出したあり方、もしくはその歴史的段階の差を示すものと思われるが、ここでは文献上の指摘にとどめておきたい。

三、参河国と持統太上天皇の行幸

古代史の七世紀後半から八世紀にかけて、古代律令制のもとで五畿内七道が整備され、中央集権的な地方支配が始まったことを述べた。その際、古代文学の上では『万葉集』の東歌や防人歌の配列等に、アヅマと認識される境界が存在することに言及したが、遠江国に隣接する参河国についても触れておこう。

律令制下で具体的に参河国が都や畿内とかかわりを深めるのは、持統太上天皇の頃からである。『続日本紀』によれば、大宝元年（七〇一）六月に「使を七道に遣して、新令に依りて政《まつりごと》し」とか、大宝三年正月には巡察使として七道へ使者を派遣した記事が頻出する。このうち大宝元年の記事は、新令すなわち大宝令に基づいて政務の執行を命じたもので、その使者が七道諸国に遣わされたのである。加えて巡察使の記事も大宝令の施行以後では、これが初めてとなる。そして『続日本紀』に「太上天皇、参河国に幸《いでま》したまふ」と記すごとく、大宝二年（七〇二）十月十日、持統太上天皇（以下、持統上皇と略称する）は参河国へ行幸された。『続日本紀』の記事によると天皇の行幸は約一か月半に及んだが、その目的は明らかでない。ただ出発後の十月十四日には完成したばかりの大宝令を諸国に頒布している。また参河国からの帰途は陸路をとり、立ち寄った尾張・美濃・伊勢・伊賀等の国々で叙位や賜封をおこなっている。そうした点を勘案すると、天武の意志を継いで律令国家の建設に当たり、孫の文武天皇に政権を委譲した持統の体制固めなどが考えられよう。

また、この持統上皇の参河行幸に関しては、いくつかの疑問点がある。往路については記事を欠き、参河国へ到着するまでのコースや期日が不明で、参河滞在中の上皇の行動についても歴史書には記録がない。唯一わかるのが『万葉集』に載せる行幸の歌々である。念のため行幸に関係する歌を掲出しておく。

二年壬寅、太上天皇、参河国に幸《いでま》せる時の歌

①　引馬野《ひくまの》ににほふ榛原《はりはら》入り乱れ衣にほはせ旅のしるしに　（巻一・五七）

右の一首、長忌寸奥麻呂

②　いづくにか船泊《ふなは》てすらむ安礼《あれ》の崎漕《こ》ぎ廻《た》み行きし棚無し小舟　（巻一・五八）

右の一首、高市連黒人

舎人娘子が従駕して作る歌

③　ますらをのさつ矢手挟《たばさ》み立ち向かひ射《い》る円方《まとかた》は見るにさやけし　（巻一・六一）

右には、持統上皇の参河国行幸歌群五首のうち三首を掲げた。作者について①②歌と③歌の記載方式が異なるが、これは歌集に収載される際の原資料の違いと考えるのが穏やかだろう。このうち①と②は、行幸先で見た景を詠んだ従駕歌で、①歌は引馬野にある榛の木が色づいた様子を詠んだもの。当該歌を『万葉集全註釈』のように、出発に際して供奉の人に贈った歌と見る説もあるが、これは属目の景であろう。参河国への行幸が晩秋であったことを想起する。次の②歌は、叙景的な歌を詠むことの多い高市黒人の作。安礼の崎で見た棚無し小舟に焦点を絞り、寂寥感のある黒人の詩情が伝わる秀歌である。

先に『続日本紀』が往路に関する記事を欠くと述べたが、②歌に「棚無し小舟」が詠まれ、③歌は伊勢の「円方」（三重県松阪市東黒部）の地名が見えることからすると、持統上皇一行は伊勢国の円方より船出して参河国へ向かったと推測される。そして、参河国府に近い愛知県豊川市御津《みと》町の港に上陸をしたと考えられる。なぜなら②の黒人歌に詠まれた地名「安礼の崎」は定説を見ないが、久松潜一氏の考証した御津町の音羽川河口にあった洲崎を比定する説(2)

が有力であり、行幸の往路は伊勢から海路をとったことを裏付ける。

ところで、こうした参河国への行幸に関して、近年、藤原宮や平城宮跡から出土する古代木簡に、次のような内容を記すものがある。持統上皇の参河行幸と結びつけて考えると興味深いので、三例ほど掲げる。

① 参河国播豆郡篠島海部供奉正月料御贄須々岐楚割六斤　（平城京跡、二条大路出土木簡）

② 参河国芳図郡比莫嶋海部供奉九月料御贄佐米六斤　（平城宮跡、内裏東溝出土木簡）

③ 参河国播豆郡析嶋海部供奉六月料御贄佐米楚割六斤　（平城宮跡、内裏土壙出土木簡）

記載内容で共通するのは、三河三島の篠《しの》島・日間賀《ひまか》島（比莫嶋）・佐久《さく》島（析嶋）の「海部《あまべ》」集団が島を単位として鱸や鮫などの魚を貢進していることである。当時、海産物の貢納が義務付けられた「御食《みけ》つ国」は伊勢国・淡路国等である。では、なぜ参河国から海部が月料として定期的に「御贄《みにえ》」（神や天皇に供する魚など）を届けるのであろうか。筆者は、こうした天皇との服属関係を示す御贄の貢進は、おそらく壬申の年（六七二）以後だろうと考えている。古代日本を大きく揺るがした壬申の乱は、皇位継承に端を発して皇族および諸豪族が加わり地域的広がりをもった戦乱として位置づけられる。そして近江・大和を中心に伊勢・尾張・美濃という畿内東の地域をも巻き込んだ。参河国も圏外にあったわけではない。これらの国々は大海人皇子側に就いたが、そこでは「大海人」皇子の養育を担当した海《あ》人《ま》族の協力があったと考えるのは当然であろう。藤原京跡から出土した七世紀の木簡に「尾張海評」とあるのは、律令制下の尾張国海部郡に相当する。伊勢湾一帯には古代から海人族が定住し、海辺の地域を結ぶ「海の道」が広がっていたことを物語る。東国の援軍を得て、戦いに勝利した大海人皇子すなわち天武・持統政権と海人族との深い結びつきは、これを契機としたと考えると理解できる。当面の三河三島の贄木簡が出土するのは、平城宮跡では内裏周辺、長屋王家邸といった中心遺構に限定される。海人族と天皇及び皇族との深い関係がわかろう。壬申の乱から三十年後、大宝二年の参河国行幸時の渡海においても、海産物の貢進と航海技術の提供をもってヤマト王権と密接な関係を保持していた「海部」集団の協力があったと考えなくてはなるまい[3]。

壬申の乱に勝利した天武の崩御後、即位した持統天皇は伊勢・美濃へと行幸を行なっている。殊に持統六年（六九二）三月の伊勢行幸では、通過地である伊賀・伊勢・志摩のみでなく近江・美濃・尾張・参河・遠江諸国にまで供奉の騎士が徴発されている。そして大宝二年（七〇二）十月の参河国への行幸である。これらの行動は持統自身が東海地方の重要性を再認識したことに他ならない。持統は早世した皇太子草壁皇子の死去により皇位に即き、草壁の遺児である軽皇子（後の文武天皇）へ譲位した後も、太上天皇として実質的な政務を執ったのであろう。参河国への行幸は、その生涯最後の旅となった。

四、万葉集「引馬野」三河説と遠江説

これまで大宝二年（七〇二）の持統上皇の参河国行幸について述べてきたが、この持統一行の旅が遠江国にまで及んだとする説がある。早くは賀茂真淵に始まり、最近のものでは原秀三郎氏[4]らが主張する考え方である。その論点をまとめるならば、参河行幸の際に従駕した長忌寸奥麻呂が詠んだ、

引馬野ににほふ榛原入り乱れ衣にほはせ旅のしるしに　（巻一・五七）

の歌中の地名「引馬野」の所在地を三河ではなく隣国の遠江に求めるもので、持統行幸の最終地は遠江国であったとする説である。それらの論考が根拠とする文献資料を整理すると、概ね次のようなことが指摘できる。

一、三河説を支える文献の出現は、既に平安末期に見えるが、鎌倉中期から室町期にかけての資料はなく再び資料

が現れるのは、近世における三河地方の郷土誌類である。

二、遠江説を支える文献資料は、鎌倉以前では『延喜式』に見えるが、説の根拠となる資料の多くは鎌倉期から室町期にかけての日記・紀行文などである。

この「引馬野」をめぐる三河・遠江両説の前提となるのは残された記録である。『万葉集』の題詞には「参河国に幸せる時の歌」とあり、『続日本紀』にも「参河国行幸」と記す。引馬野の所在地を参河国に求めるのが穏当だろう。そうしたこともあって、引馬野三河説は遠江説よりも早く、平安時代の歌学書『五代集歌枕』に「ひくまの、三川」と見える。さらに鎌倉期の歌学書『八雲御抄』あるいは『仙覚抄』等にも「引馬野、参河国也」と注している。もっとも引馬野を三河としていても、それが地理的に所在を実証した結果であったか、あるいは単に『万葉集』の題詞から判断したものかは容易に判定し難い。久曽神昇氏によれば、[5]「堀河院御時百首和歌」の中で藤原仲実が「ひくまののかやが下なる思ひ草またふた心なしと知らずや」と引馬野を歌に詠み、仲実は嘉保元年（一〇九四）十二月、参河守となって当地へ赴任したことが知られる（『中右記』）。引馬野の所在が参河国であった根拠のひとつである。ところが不思議なことに、これ以降は近世の三河地方の郷土誌として知られる羽田野敬雄『三河古蹟考』や渡辺富秋『統叢考』を除けば文献等は少なく、これらの記述をもとにした久松潜一氏や久曽神昇氏の研究[6]が発表されるまで三河説が日の目をみることはなかった。引馬野を三河の地に求め、三河国府（豊川市国府《こう》町）の南にあたる豊川市御津町御馬《おんま》（旧宝飯《ほい》郡御津町）の地に比定する説が出されたのは最近のことである。

これに対して、一方の遠江説は静岡県浜松市の北郊、曳馬《ひくま》町あたりを比定する説である。地名を支える多くの資料が残っている。『延喜式』（九条家本）に遠江国の駅名として「引摩」が見え、鎌倉時代の旅日記『十六夜日記』に「今宵は引馬の宿といふ所にとどまる。この所の大方の名は浜松とぞ言ひし」と、あたりの地名が浜松であると説明している。この阿仏尼の日記は、諸家の論考によく引用されるところで、その先蹤は遠江の国学者賀茂真淵の『万葉集考別記』『万葉集遠江歌考』に始まり、引馬野を遠江に求める考え方は近世の国学者たちに広く支持された。近年でも夏目隆文氏『万葉集の歴史地理的研究』などが、遠江説を主張している。

中世の日記・紀行文において、万葉歌の地名「引馬野」を遠江国とするのは、右の他には、和歌と蹴鞠の家で知られる飛鳥井雅有の『都の別れ』や、尭孝『覧富士記』などがある。さらに室町時代では連歌師宗長の『宗長手記』、宗牧の『東国紀行』等にも引馬宿を通過した記録が残る。数々の紀行文に散見する「引間」「引馬野」である。その背景には鎌倉幕府の開設によって京・鎌倉の往還が盛んになり、道路の整備や宿駅の拡充が行なわれて、旅が従前よりも身近なものになったことがある。公用を目的とした旅、寺社の参詣、中には遊覧的な旅さえあった。こうした旅日記の多くは、名所旧跡や歌枕を目のあたりにした感懐を記しているから興味深い。鎌倉時代を代表する『海道記』『東関紀行』などにも共通する、執筆者を男性とする日記・紀行文の特色といえよう。

引馬野遠江説は文献資料に恵まれる点では三河説を凌駕していると言えるが、それらの中には引馬野の所在が遠江国であることに疑問を投げかけるものがある。永享四年（一四三二）富士遊覧と称して都から駿河へ赴いた将軍足利義教に供奉した尭孝の『覧富士記』には、次のような記述を見る。

十六日、橋本を立ちて引馬の宿にもなりぬ。引馬野は参河国とこそ思ひならはし侍るに、遠江に侍るは、いかなることにか。

これは（三河より遠江に入り）、橋本の宿（湖西市新居）を出立して、引馬の宿（浜松市曳馬町付近か）に至った時の感慨で、歌枕「引馬野」は参河国と心に覚えていたのに、というのである。このほか『富士紀行』の作者である飛鳥井雅世も、参河国を通過する際に「引馬野は此国ぞかし。いづくならむと分明ならねど…」と記している。当時、都の人々が引馬野を「三河国」の歌枕と熟知していた様子が窺えよう。平安後期以降に発達した歌学の集大成である『八雲御抄』や『和歌初学抄』などを通じて知り得た諸国歌枕に関する知識であったかと推定される。

遠江説は信頼すべき資料に依拠する点では強みであろう。真淵以来、近代に入っても万葉集注釈書の多くが、引馬野を遠江に求めたのも当然であった。けれども遠江説が論拠とする資料は、いずれも鎌倉・室町という一時期に限定されている。加えて遠江説が引馬野と推定する「引馬(間)宿」がはたして古代にまで遡及できるかといえば、少なからず疑問が残る。現在の浜松市街北部の曳馬町は、明治になって命名された新地名であり、中世の引馬(間)はまだ特定されていない。最近では、古代遺跡から出土した木簡を用いた次のような意見もある。

引摩駅は従来「ひくま」と読んで浜松市曳馬町に比定する説もあったが、栗原駅に近いので適当でない。磐田郡駅家郷に当たると思われ、磐田市御殿・二之宮遺跡出土木簡に「驛家人」と記すものがあるので、同地附近に比定される。なお、同遺跡は遠江国府関連遺跡であるから、引摩駅は国府付属駅であったことになろう。(7)

近年は木簡や墨書土器などの出土文字資料によって既存の資料にはない駅名が判明しているが、右に引用した出土木簡による新たな見解は、駅名「引摩」をヒクマと読んで浜松市曳馬町に比定する従来の説に対して、駅に関する文字資料の出土という観点から再考を迫る結果となった。これも無視できないだろう。

では、引馬野をめぐる三河・遠江両説の対立はどのように理解したらよいのであろうか。両説の可否を吟味することも必要ではあるが、むしろ二説が論拠とする資料に、なぜ年代的な偏在が認められるのか、その理由を検討しなくてはなるまい。それは三河説側の文献がない鎌倉・室町期に、それとは反対に遠江側に文献資料が集中しているからである。これを偶然とは考え難い。そこには二説が対峙する別のことがらがあるように思われる。

五、三遠地方に見る東海道の変遷

中世において歌枕「引馬野」に関する資料が遠江説側に集中して、一方の三河説側に見られないのは、おそらく三遠地方の東海道の歴史的な変遷と結びついた現象であろう。そこでこの地方の東海道の経路について考察をしたい。古代・中世・近世を経て今に至るまで、東海道が東西交通の大動脈であったことは歴史の事実であるが、三遠地方の場合、東海道のルートは各時代によって少しずつ変動している。先ず古代から見てみよう。

律令の施行細則を集大成した『延喜式』によれば、参河国から遠江国へ至る古代東海道の駅名は、鳥捕↓山綱↓（宮地）↓渡津↓猪鼻↓栗原↓引摩↓横尾↓初倉の九駅が知られる。鳥捕より渡津までが参河国であり、猪鼻以下が遠江国である。このうち「宮地」は浜松市伊場遺跡で出土した木簡に「□□□美濃関向京　於佐々□□…□驛家　宮地驛家　山豆奈驛家　鳥取驛家」とあり、八世紀前半と推定される過所様式の木簡に、初めて見える駅名である。山豆奈は山綱にあたり、鳥捕と共に『延喜式』所載の参河国の駅名であるからして、宮地も参河国内と判断される。現在、豊川市（旧宝飯郡）赤坂町の南に宮路《みやじ》山（三六一メートル）があり、宮地駅の所在は赤坂付近と比定されるが、その場合は三河国府との距離が近く、『延喜式』に「宮地」駅が記されていないことを考慮すると、十世紀前半頃までに駅家の統廃合があったと想像される。

大体において、近世の東海道と比べても行程に大きな変化は認められないが、古代に問題となったのは、渡津（豊川市小坂井町平井）付近から豊橋市に至る間を流下する豊川《とよがわ》の存在であった。東三河地方を流れるこの一級河川は、『類聚三代格』に「飽海河《あくみがわ》」（豊橋市飽海町にその名が残る）と見え、三河湾へと注ぐ河口付近は入海に近い状態であったと推測される。当時の川幅は三～四キロメートル程かと思われ、この間には島や洲があり、それをぬって幾筋もの水脈があったようである。この辺りには西島、北島、南島、清洲などの地名が残り、往古の渡りの状態を想像させてくれる。また、現在の流路になるまで幾度となく河道を変えて、洪水のたびに川筋の変化した痕跡が、今も周辺各地に旧流路として存在している。そのため東海道の通行は、この「飽海河」により困難を極めたようで『続日本後紀』承和二年（八三五）六月条に東海・東山両道の河川に渡船を増加する記事が見える。その詳細は『類聚三代格』所収の「太政官符」に次のごとくある。

尾張美濃両国堺墨俣河四艘　元二艘、今加二艘。尾張国草津渡三艘　元一艘、今加二艘。参河国飽海矢作両河四艘　元二艘、今加各二艘。遠江駿河両国堺大井河四艘　元二艘、今加二艘…（以下略）。（六月二十九日）

これによれば交通の要衝であった官道の難所に「増船」が命じられ、参河国内では矢作河と「飽海河」に渡船を増やしたのである。この古代東海道の飽海河（豊川）の渡しは、古くから「志香須賀《しかすが》の渡し」と呼ばれ、『枕草子』に「渡りは、しかすがの渡、こりずまの渡、みづはしの渡」とある。平安期には参河国の歌枕として有名であり、赤染衛門や中務、能因などの歌人にも詠まれている。「しかすがの渡し」の呼称は、渡ろうにも、しかし、さすがに大変な渡り、の意であろう。既に『万葉集』に見える古語からの命名であったようだ。

さて、承和二年の「太政官符」により、渡し船を増やすように命じられたにもかかわらず、依然として東海道の通行に志香須賀の渡しは大きな障害であったようである。そのため平安中期頃から東海道の往来は、渡しを避ける道が使われ始めた。平安時代前期に編まれた『和名類聚抄』の作者、源順が永観元年（九八三）に詠んだ歌に、

ゆきかよふ船瀬はあれどしかすがの渡りは跡もなくぞありける　（『源順集』）

とあるのは、衰微した渡しの事情をよく物語る。東海道の交通量が減ったわけではなく、通行ルートの変更である。

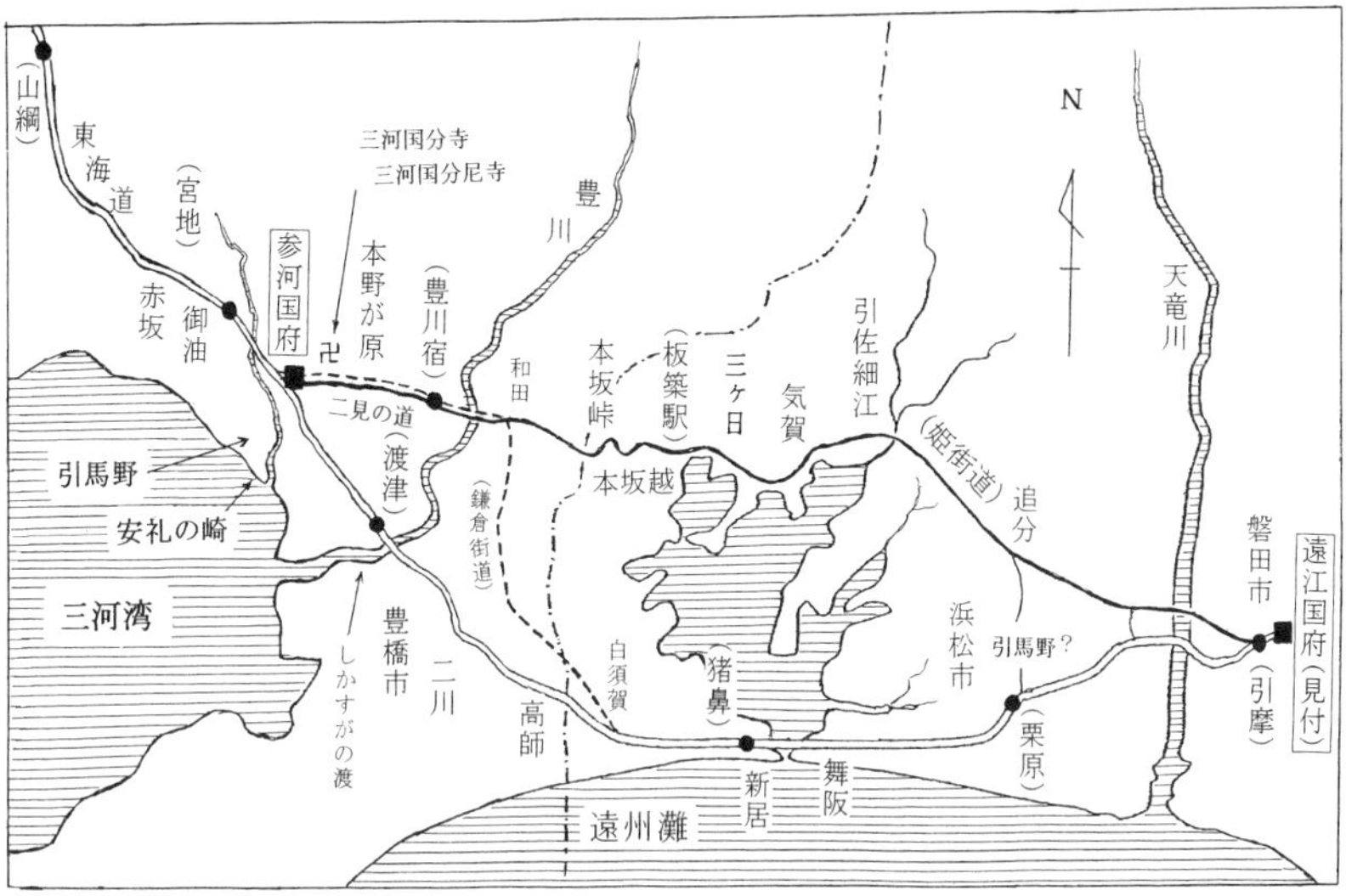

東海道と本坂越（姫街道）・鎌倉街道の経路

もっとも寛仁四年（一〇二〇）に『更級日記』の作者、菅原孝標女一行が東海道を使った際には「しかすがの渡」を通過したことが日記に見える。したがって、まだ完全に絶えたわけではないが、廃絶へと向かったようだ。

古代道路の東海道に対して、中世の東海道（それは鎌倉街道でもあるのだが）は鎌倉幕府の交通政策が端的に現れてくる。戦乱に備えた騎馬軍勢の移動、情報の伝達、宿場の整備といった、安定的な機能を目的とした道路の確保と整備が求められた。一般的に鎌倉街道のルートが古代東海道よりも山側を通るのは、軍勢の渡渉が容易となる川の浅瀬を求めたからに他ならない。したがって中世になると参河国と遠江国との往来には、官道であった「志香須賀の渡し」を避ける道が発達した。そのひとつが鎌倉街道であり、いまひとつは後述する「本坂越」（通称、姫街道）と呼ばれる浜名湖北岸を廻るルートである。そこで鎌倉街道について、もう少し述べておきたい。

参河国から遠江国府に至るまでの経路と通過点を詳細に示すと、次のようになる。

矢作宿→赤坂宿→〔参河国府〕→本野が原野→豊川宿→豊川《とよがわ》→高師山→橋本宿（浜名橋）→曳馬宿→〔遠江国府〕

これは鎌倉時代初期の貞応二年（一二二三）に通過した『海道記』や『吾妻鏡』等に見える記述から鎌倉街道の宿場と通過点を示したものである。東へ向かう鎌倉街道の経路は、参河国府付近で東海道本道と分岐し、本野が原、豊川宿を経由して豊橋市郊外の高師山付近で再び東海道の本道と合流する。この鎌倉街道は国府付近で東海道と分岐して東へ向かうため、三河説でいう「引馬野」付近を通過していない。そうした点も着目をしたい。

鎌倉街道は、東海道の要衝であった「志香須賀の渡し」を使わず、豊川《とよがわ》の上流地点で渡河できる利点から、次第に街道として整備が進み、律令制下の駅とは別の新たな宿を出現させている。当該ルートで言えば豊川宿（豊川市古宿《ふるじゅく》町）などがそれである。こうした街道が発達した背景には鎌倉幕府の駅路網の整備があったからで、『源平盛衰記』治承四年（一一八〇）十月に源頼朝追討の平維盛・忠度が通過したのをはじめ、『吾妻鏡』嘉禎四年（一二三八）二月、将軍藤原頼経の上洛、同十月の関東下向。『吾妻鏡』寛元四年（一二四八）頼経の帰洛など、いずれの場合も、矢作―豊川―橋本の経路で豊川宿を通過したことが確かめられる。

右の東海道本道の脇街道ともいえる豊川宿経由の道を「鎌倉街道」と称するのは、平安時代末期に始まった源平の覇権争いを契機として、中世において頻繁に利用された街道だからである。この参河・遠江国間のルートは、鎌倉街道が東海道本道であるかのごとき様相を呈していたことがわかる。ところで『東関紀行』仁治三年（一二四二）の紀行でも、やはり鎌倉街道の方を通っているが、その中に次のような叙述が見られる。

矢矧《やはぎ》といふ所を立ちて、宮路山越え過《すぐ》るほどに、赤坂といふ宿《しゅく》あり。ここに有ける女ゆゑに、大江定基《おおえのさだもと》が家を出でけるもあはれ也。（中略）豊川といふ宿の前を打過《うちすぐ》るに、ある者のいふを聞《きけ》ば、この道をば昔より、よくる方《かた》なかりしほどに、近頃より俄《にはか》に渡津《わたつ》の今道《いまみち》といふかたに旅人おほくかゝる間《あひだ》、今はその宿は人の家居《ゐ》をさへ外《ほか》にのみ移すなどぞいふなる。

これによれば、西から鎌倉街道を来た作者は、三河の豊川宿で人の話を聞くに、「この道（鎌倉街道）は昔から避ける者がいないほどであったのに、近頃は『渡津の今道』という新しい道が出来て、旅人が多くそちらへ行くようになったので、豊川宿の人家さへ新道の方へ移転をする」というのである。

しかし、ここで注意したいのは「渡津の今道」とは、新たに出来た街道ではなく、衰滅状態で廃れていた東海道「志香須賀の渡し」の道が新たに再開されたものである。官道であった東海道のような幹線道路でさえも、そのルートは固定的でなく変動したことが分かる。こうしたこともあってか、これ以後の紀行である『吾妻鏡』建長四年（一二五二）の宗尊親王の関東下向、やや後れて建治三年（一二七七）阿仏尼が関東に向かった際の『十六夜日記』では、鎌倉街道ルートでなく、再興された東海道の本道を利用している。

この東海道本道が十三世紀中頃に、なぜ再興したのか、その理由は定かでない。鎌倉末期の正安三年（一三〇一）に収録されたと考えられる明空『宴曲集』の中に、傍線部のような詞句が見えるのは注目されよう。

宮路の山中なかなかに、問へば遥けき東路を、渡津かけて見渡せば、新今橋の今更に、又立ち帰る橋柱、嵐の音も高師山に、さびしく立てる一つ松…（以下略）　（巻四・海道中）

これによれば、古くから東海道の難所であった「志香須賀の渡し」に橋が架けられたのであろう。中世の冷涼期には豊川《とよがわ》の水位が低下して河道に変動が起こり、広い川幅であった河口付近が次第に陸続きとなり、架橋が困難であった主流路にも橋が架かったと判断される。このことは永享四年（一四三二）九月、将軍足利義教の富士見物に同行した飛鳥井雅世の紀行文『富士紀行』に「今橋」を渡ったことが見えるので間違いはなかろう。

これ以後は東海道を通る際の難所であった渡しも問題が解消したことで、鎌倉街道を利用した紀行文や記録は見あたらない。いつの時代でも常に道路は安全で最短距離のルートが求められるのである。

以上、東海道本道にあった「志香須賀の渡し」を避けるために発達した鎌倉時代の道について言及したが、参河国から遠江国へ向かう際に、過去に問題があった所がもう一箇所ある。それは遠江国の浜名湖口である。現在の浜名湖は直接その湖口を太平洋とつないでいるが、古代は閉ざされた淡水湖であった。湖は西南に向かって流れる浜名川で海と結ばれていたのである。この川に架かる「浜名の橋」は『日本三代実録』元慶元年（八八四）九月条に「遠江国浜名橋長五十六丈、広一丈三尺、高一丈六尺、貞観四年修造。暦二廿余年、既以破壊。勅給彼正税稲一万二千六百束改作焉」とある。貞観四年（八六二）に修造されてから二十年以上経ち、損壊していたことで架け直されたのである。右の記事からすると橋の大きさは長さ一七〇メートル、幅四メートル程である。琵琶湖の勢多川に架橋された唐橋に匹敵する大規模なものであったようだ。「猪鼻」の駅家は、この浜名橋付近にあったと思われる。

この橋に関する記録は、平安時代の日記にも見える。寛仁四年（一〇二〇）九月、上総国より父と共に上洛する途中に浜名湖を通過した『更級日記』の作者菅原孝標女は、「浜名の橋、下りし時は黒木を渡したりし。このたびは跡だに見えねば、舟にて渡る。入江にわたりし橋なり」と記している。歴史書の記録にも残っているが、遠江国西部の場合、東海道は浜名湖の南岸の遠州灘に面した所を通過することから、常に台風の高潮被害や地震による津波を受けている。官道であった東海道の浜名湖口に架かる橋の不安定さが知られよう。平安時代の『続日本後紀』承和十年（八四三）十月条に、「遠江国浜名郡猪鼻駅家、廃来稍久。今依国司言、遣使検其利害、更令復興」とあり、廃駅となっていたのを復興する記述が見える。地形環境の変化などにより猪鼻駅が機能していない時期があったようでおそらく浜名橋の崩壊などで東海道の通行が停止していたものと思われる。

では、こうした浜名湖口に支障のあった際の東海道の通行はどうなっていたのかと言えば、浜名湖の北岸を廻る、いわば迂回ルートの「本坂越」が使われていたようである。それを裏付ける次のような記録が残る。

右に引用した猪鼻駅の復興した前年にあたる、承和九年（八四二）四月、三筆で有名な橘逸勢《たちばなのはやなり》が謀叛に加担したとして捕らえられ伊豆へ配流（承和の変）される途次、遠江国板築《ほうづき》駅にて死没。駅近くに葬られたことが『日本文徳天皇実録』嘉承三年（八五〇）五月条に見える。その逸勢が配流される時に使われていたのが、本坂越のルートであった。[8] 武部健一氏の『古代の道』によれば「板築駅」はこの時にしか記録に現われず、浜名橋がしばしば損壊して再建されていることからして、このルートは東海道のバイパスとして適宜使い分けられていたと推定している。この本坂越は、現在も東三河と静岡県とを結ぶ県道として使われている。それを地名で示すと、豊川市御油町から東海道と分岐して、豊川―嵩山《すせ》―本坂峠―三ケ日―気賀―引佐細江を経て、磐田市見付町で再び東海道と合流する。いわば既述の鎌倉街道を遠江国側に延長した別ルートと言ってもよいだろう。

付言すれば、この本坂峠を越える道は通称「姫街道」と呼ばれる。室町時代の明応七年（一四八九）八月に起きた大地震による津波で浜名湖口が決壊し、浜名湖は現在のように海と直接つながった。そして東海道の通行は渡し船の利用となったのである。さらに江戸時代に入ると、幕府の政策として湖口西にあたる新居宿に関所が設けられ、東海道の往来の取締りが強化されるようになった。「入り鉄砲に出女」の警戒である。そうしたこともあって婦女子が多く脇街道の本坂越を利用したので「姫街道」と称した、というのが通説である。説の当否は措くとして、「本坂越」「姫街道」の名称は江戸末期の古文書にも見ることができる。

ところで、『万葉集』には三河地方の街道として、もう一つの道がある。持統上皇の参河国行幸に従駕した歌人である高市黒人の「羇旅の歌八首」と題する歌の中に見えるもので、それを掲げると次のようである。

妹も我も一つなれかも三河なる二見の道ゆ別れかねつる　（巻三・二七六）

一本に云ふ、三河の二見の道ゆ別れなば我が背も我も一人かも行かむ

当該歌は、題詞に「高市連黒人の羈旅の歌八首」と記すのみで、作歌事情も年代も不明であるが、歌中に参河国の「二見の道」が詠まれている。大宝二年（七〇二）参河国行幸時に詠まれた歌と見るのが穏当であろう。「一本に云ふ」の異伝を含めた二首は歌意からすると、持統上皇一行が参河国を出立する頃、宴席の場で披露された座興の歌と推測される。[9]では、奈良時代以前からの古道であったことが確かな「二見の道」とは、どこを通っていた道であろうか。時代は下るが、江戸時代の『東海道名所図会』には「御油」の次に「本坂越」を掲げ、「二見の道」として「御油より左へ別れて、八幡野口《やはたのぐち》を経て、本野《ほんの》が原にかゝり豊川に至る。これいにしへの街道なり」と記している。この道筋は、本稿で述べた本坂越、鎌倉街道の経路と合致する。二見の道を「姫街道」に求めるのが近世以来の通説であるが、『名所図会』はさらに「牛久保《うしくぼ》に二見塚と云あり、蓋し二見道の遺跡ならん」とも記している。姫街道沿いの豊川市役所の庁舎付近が旧地番「牛久保町字二見塚」である。すると参河国から東海道と分岐して東へ向かう本坂越（姫街道）の豊川市に至る辺りを「二見の道」と称したと推測されよう。平成十年に豊川市教育委員会が発掘調査を実施した豊川市八幡町の「上《かみ》の蔵《くら》遺跡」からは奈良時代の道路状の遺構が見つかっている。三河国府跡の南側を国分寺・国分尼寺方向へと延びる道路であったようで、道路幅二二メートルが確認されている。二見の道である可能性が高いが、[10]少なくとも古代東海道とをつなぐ幹線道とみて間違いあるまい。

六、歌枕の移動

古典和歌に詠まれた地名が、いわゆる「歌枕」となった背景には、単に歌に地名が詠み込まれるだけではないだろ

う。和歌を詠出する際には、特定の地名を表出すると共に、そこには「歌ことば」にも近い景物との取り合わせや凝縮された歌語的表現が求められ、やがて歌語として定着するからである。例えば『万葉集』の持統上皇が参河国へ行幸した折の地名「引馬野」にしても、歌が享受される場合には、都からアヅマの入り口である参河国へ、馬を引いて野を進む意を重ねたことであろう。結句を「衣にほはせ旅のしるしに」と倒置的に歌うところも、行幸従駕の羇旅歌にふさわしい情感がこもる。また、参河国の地名である「志香須賀の渡」が平安朝以後に名所歌枕となり得たのも、「しかすがに」という副詞的表現に人々が興味を覚えたからに相違ない。

こうした『万葉集』の地名に対する中古から中世における歌人たちの関心は、やがて「歌枕」を意識した発想や歌の表現技法に結実した。平安時代に始まる藤原清輔の『和歌初学抄』や藤原範兼の『五代集歌枕』等の歌学書が編まれたのも、そうした名所歌枕への関心からである。それらを見ると「引馬野」はいずれも参河国とするのに、なぜか早い時期に引馬野が所在不明になっている。その原因のひとつには、既述したような三遠地方における東海道の変遷があげられよう。具体的に言えば、引馬野付近を通過していた古代東海道が、平安時代末には廃れて、豊川宿を経由する北東寄りのルートに変わったからである。『万葉集』の「引馬野」に関する鎌倉時代の文献が三河説側に見られないのも、この時代の紀行文や日記類は、すべて鎌倉街道ルートを通行しているからである。飛鳥井雅世が『富士紀行』で「引馬野は此国（三河国）ぞかし、いづくならむ」と、その所在がわからないことを求めたのも、歌枕への関心としては当然であった。また、都から地方を旅した歌人たちが、一様に紀行文に録したのが道中の名所や歌枕などに対する感慨であったことを考えると、この三河地方の東海道の変遷は、引馬野の名を喪失する結果をもたらしたのである。

そして、これを遠江側で考えてみると、平安時代中期の『更級日記』や鎌倉時代の『海道記』『東関紀行』は、その旅の行程を詳細に叙述しているにもかかわらず、遠江の「引間宿」については、まったく触れるところがない。この遠江説が万葉歌の引馬野として比定する「引間宿」が始めてその名を現すのは『吾妻鏡』建長四年（一二五二）三月の宗尊親王の記事である。それ以後の『十六夜日記』（一二七七）や『都の別れ』『覧富士記』などの紀行文に「引間（曳馬）」「引馬野」の名が散見するが、これらは新たに「引間宿」が鎌倉街道の宿として整備されたからである。「引馬（曳馬）」といった地名は案外、街道を利用した人々によって命名されたのかも知れない。そして、この遠江国における引間宿の出現は、既に参河国の引馬野の名が廃れていたこともあって、『万葉集』以来の歌枕である「引馬野」の所在に混乱を生じさせる結果となった。『万葉集』に詠まれた引馬野を、遠江国に所在する「引間（引馬野）」に比定したのは、いわゆる「歌枕の移動」と言えよう。

　このような歌枕が移動する例は他にもある。たとえば歌枕として知られる「由良」は、『万葉集』の中では、

妹がため玉を拾《ひり》ふと紀《き》伊の国の由良《ゆら》の岬にこの日暮らしつ　（巻七・一二二〇）

朝開き漕ぎ出て我は由良の崎釣りする海人《あま》を見て帰り来む　（巻九・一六七〇）

などと詠まれている。そして歌意からも知られるように紀伊国、今の和歌山県日高郡由良町に比定されてきた。ところが、『百人一首』にも採られて有名になった曽根好忠の歌に「由良の門《と》を渡る舟人楫《かぢ》を絶えゆくへも知らぬ恋の道かな」があり、作者好忠が丹後国掾になっていることから、これを丹後国、今の京都府宮津市由良の地に求めて広く人口に膾炙しているのが、それだからである。

　以上のように考えてくると、真淵説に従って国学者の多くが引馬野遠江説を主張した近世にあって、契沖のみが「ひくまのを、ある名所抄に、遠江といへるはあやまりなり。参河なり」（『万葉代匠記・初稿本』）と述べているのは、極めて示唆的な発言として光彩を放っていると言えるだろう。

〔注〕

1　近江俊秀『道が語る日本古代史』（朝日選書、平成二十四年）、武部健一『道路の古代史』（中公新書、平成二十七年）などが古代道路と高速道路との類似性を指摘している。
2　久松潜一「引馬野・安礼乃埼考」（『万葉集考説』栗田書店、昭和十年）、竹尾利夫『東海の万葉歌』（おうふう、平成十二年）も三河説を支持する。
3　竹尾利夫「高市黒人の抒情とその位置」（『万葉史を問う』新典社、平成十一年）。
4　原秀三郎「『万葉集』から持統上皇三河行幸を読み解く」（『史料から読み解く三河』笠間書院、平成二十四年）。
5　久曽神昇「引馬野・安礼乃崎」（『三河地方と古典文学』名著出版、平成元年、初出は昭和四十二年）。
6　久松潜一前掲書（注2）、久曽神昇前掲書（注5）。
7　木下良『事典日本古代の道と駅』（吉川弘文館、平成二十一年）。
8　『文徳実録』に見える「板築駅」の所在は不明だが、浜松市三ヶ日町比日沢付近に比定する説が多い。現在、三河・遠江の境である本坂峠を東へ下った三ヶ日町に橘逸勢を祀る橘神社がある。
9　竹尾利夫「黒人の宴席歌」（『美夫君志』四十三号、平成三年）。
10　林弘之「東三河地方の古代二見道」（『三河考古』十五号、平成十四年）。

◎コラム――

「越える」の意味について

近藤　泰弘

「越境」の問題を言葉の面から考えるとすると、「越える」（古典語は「越ゆ」）と、「越す」という二つの動詞によってそれを表現することが可能である。したがって、この二つの動詞の用いられ方を調べることで、何をどのように越えるのかということについての古代語の意識を探ることが可能になると思われる。本稿では、その二語の検討から、特に「越える」（越ゆ）の意義素性についてひとつの提案をしてみたいと思う。

「越える」と「越す」という動詞は、どちらも「境界・障害物・一定の目処を過ぎて向こう側に行く」という意味であるが、統語的には、「越える」が自動詞、「越す」が他動詞ということになる。しかし、現代語でも「七十才を越える人」でも「七十才を越す人」でも意味が通じることからわかるように、どちらも、ヲ格を持って他動詞的に使うことができる。他に、自動詞でもヲ格を持つ動詞としては「登る」（坂を登る）などがあり、唯一の例というわけではないが、「越える」は特異な例である。

一方、「越す」のほうも、現代語では「越える」と似た意味で使われるが、古来の例では、他動詞として特別な位置にあったように思われる。『日本国語大辞典第二版』の「越す」の語誌では「古くは、生物の動作には「越える」を用い、無生物の風や波の動作に限って「越す」が用いられた」とあり、意味に差があったとされる。確かに、現代語でも、「年越し」のように「年」という無生物の動作では「越える」ではなく「越す」が使われることになっており、古来の用法が残存しているものと思われる。そこで、次に古典語における具体的な用法を調査してみたい。いずれも、国立国語研究所の『日本語歴史コーパス』（CHJ）によって検索を行った。

まず「越す」であるが、和歌と、散文ではかなり異なっている。『古今集』の「越す」は、「浦ちかく降りくる雪は白波の末の松山越すかとぞ見る」（古今集・三二六番）のように「波」などの自然物が何かの上を通って他方に行く意味であり、五例とも例外がない。それに対して、散文の代表の『源氏物語』では「引き越す」「掻き越す」「吹き越す」などの複合動詞として使われ、これは、何かのものを、別の何かを越えるようにさせるという純粋な他動詞として使われている。この使い方は「越す」の本来の意味であると思われ、複合動詞に古義が残るという一般的法則に従っている。「髪、脇より掻い越して、様体いとをかしき人なり」（源氏・浮舟）のような例となる。現代語でも「引っ越し」という単語にこの古い複合動詞「引き越す」の残存が見られるが、荷物を、ある場所に「引っ張って越す」ということである。

次に「越える」（越ゆ）を見てみたい。平安時代の「越ゆ」の用例は、和文・散文を問わず、その対象（経由点）は「山」に集中している。また「山」も自然の「山」だけでなく、「死出の山」のような抽象的なものにも及ぶ。「音羽山けさこえくれば郭公こずゑはるかに今ぞ鳴くなる」（古今集・一四二番）「死出の山越えにし人をしたふとて跡を見つつもなほまどふかな」（源氏・幻）のような形である。また、「山」以外では、「関」「坂」「山辺」「橋」「築地」「垣」など、何らかの意味での境目となるものを「越える」ことに用いている。

また、もうひとつ注目されるのは、この「越える」が指示詞とはほとんど無関係であることである。「行く」「来る」は指示との関係が深く、いわゆるダイクシスとして「あっちへ行く」「こっちへ来る」のように、話者中心の指示体系の中で話者への方向性によって使い分けられているわけである。これに対して「越ゆ」は、そのような傾向はなく、たとえば「いよいよあやふがりて、おしてこの国に越え来ぬ。」（源氏・玉鬘）のように「越え来」という複合動詞で、「来る」の意味を示す場合はあるが、「越ゆ」単独では、話者との関係は存在しない。そういう意味で、現代語では「越える」というと、何か外へ出て行くようなイメージがないでもないが、それは誤ったイメージであり、話者からの方向性としては中立的であると言える。

次にもうひとつ「越ゆ」の別の語彙的な側面を示しておきたい。既に述べてきたように「越ゆ」は、ヲ格をとってまるで目的語を持つ他動詞のように使われるが、そのヲ格は、単純な対象ではなく、時間をかけて経由する場所を示しているように思われる。つまり「……を時間をかけて通って」のようなある種の時間的な経過を含意しているようである。それは次のようなことでわかる。

「春の山辺」という慣用語があり、それは単に「春」と「山辺」という二つの語を繋げただけでなく、『古今集』においては、「契る対象としての女性」というメタファーとして機能しているということが明らかになっている。典型的なものは「宿りして春の山辺に寝たる夜は夢のうちにも花ぞ散りける」（古今集・一一七番）これは貫之の歌であるが、同じ貫之に「梓弓春の山辺を越えくれば道もさりあへず花ぞ散りける」（古今集・一一五番）というものがあり「春の山辺を越ゆ」という形が存在しているのである。他にも多くの例があるが、これは「歌人はすべて男性で、用例は「春歌下」に集中しており、……それは、男性が「花」で彩られた「春の山辺」を「越え」「まじり」「寝」るという、女性との一夜の契りを持つイメージの文脈であり」と解釈される。(1)

この場合から類推すると、「越ゆ」という動詞の対象となっている、ヲ格の名詞がたんなる越えるポイントだけの存在ではなく、その場所自体に意味があり、そこを経由し、そこで時間を経過することこそがむしろ主眼であることを意味していると思われる。

このように考えると、「越ゆ」は「関を越ゆ」であっても、「山を越ゆ」であっても、その対象となる「山」や「関」を通過するという行為そのものに非常に重要な意味を与えている動詞ということも言えるのではないだろうか。

他動詞の「越す」のほうにも、最初に述べた「年越し」や、著名な作品の多い「山越（し）阿弥陀（図）」（絵画）などのように、「越す」というその行為自体に意義づけする表現があることからも、そのことは裏付けられると思う。今後、「越える」や「越す」ことの意義について、そのような観点からさらに考えて見たい。「関」を描いた文学（勧進帳など）が生まれるゆえんもこのようなことからも説明可能になるかもしれないと考えている。

〔注〕

1 近藤みゆき「n-gram 統計による語形の抽出と複合語—平安時代語の分析から—」（『日本語学』20巻8号・二〇〇一年八月）

古代東海道と東西越境地域の「渡り」―「渡津」「しかすがの渡り」を中心に―

和田　明美

一、はじめに

古代律令制の時代から現代に至るまで、日本の公的な「道」は、中央から地方へと放射線状に延び、国境・県境を隔てた地域を結びながら政治・経済・文化の上で重要な役割を果たしてきた。二〇一六年二月には新東名高速道路・浜松いなさ（引佐）―豊田東間が開通し、大動脈のダブル化による区間渋滞緩和や災害時の物流・交通はもろんのこと、奥浜名から奥三河・三河全域の経済・観光活性化への期待も大きい。(1)同様の道の整備は、古代にも行われた。今を遡ること約千三百年、「七道」が整備・完備されたのである。古代日本の律令制（道制）のもと、同心円状に延びる古代中国の道に範を求めつつも、日本の国土に合致するべく「七道」は放射線状に整備された。(2)古代の「七道」＝東海道・東山道・北陸道・山陽道・山陰道・南海道・西海道のうち、都と東国とを結ぶ道は「東海道」と「東山道」であった。「東山道」は中世以降廃れたのに対して、「東海道」は今日なお拡充整備され、東海道新幹線・高速道をはじめとする路線が、実質的に日本交通の大動脈としての機能を果たしている。その意味において、中世以降「中山道」へと推移し衰退した政治と軍事の道「東山道」と、「東海道」との歴史は対照的である。

しかし、古代から中世にかけての「東海道」「東山道」は、相互補完的に中央と東国を結ぶ「海」と「山」の「道」

であった。また東方に延びる二つの道は、古代律令制の下では幹線「大路」（山陽道）に次ぐ「中路」であった。特に東国（信濃遠江以東）と西国との国境に位置した三遠南信地域は、東西文化が隣接し接触するエリアであるとともに、「東海道」「東山道」の国境・越境の地として、独自の歴史・文化を形成してきた。そこで、東西越境地域の「渡り」として注目される古代東海道の「渡津」「しかすがの渡り」にスポットを当て、古典文学や文字資料をもとにその特質を捉えなおしたい。

二、古代東海道の由来と道の整備

古代の「東海道」は、古代律令制のもとで整備された「七道」の一つである。古代日本の帝都と東国を結ぶ「海つ道」として「山つ道」の東山道とともに整備されつつ発展した。また「七道」は、道で結ばれたエリアであるとともに国々を包括する行政区分でもあった。『延喜式』によると「東海道」は、伊賀国・伊勢国・志摩国・尾張国・参

古代律令制の七道（『事典　日本古代の道と駅』）

河国 遠江国・駿河国・伊豆国・甲斐国・相模国・武蔵国・安房国・上総国・下総国・常陸国の十五国から成る（巻二二・民部上・東海道）。しかし、『古事記』には「東海道」は見られず、「東方十二道」が記されている(3)。

①此の御世に、大毘古命は高志道に遣し、其の子建沼河別命は東方十二道に遣して、其のまつろはぬ人等を和し平げしめき　（古事記・崇神天皇）

②天皇、亦頻りに倭建命に詔はく、「東方十二道の荒ぶる神とまつろはぬ人等とを言向け和し平げよ」とのりたまひて　（古事記・景行天皇）

③建内宿禰を大臣と為て、大き国・小き国の国造を定め賜ひ、亦国々の堺と大き県、小県の県主を定め賜ひき　（古事記・成務天皇）

崇神天皇の時代の東海道エリアは相模国あたりまでで、①「大毘古命は高志道に遣し、其の子建沼河別命は東方十二道に遣して」は、東方支配を背景にした叙述と考えられる。②「言向け和し平げ」る倭建の東征は、『古事記』では古代神話性を帯び、「東方十二道」には「荒ぶる神」や「まつろはぬ人等」が住むとされた。また『古事記』によれば、四世紀半ばの成務朝から③「国々の堺」が定められたことになる。『古事記』の「倭建」の「東方十二道」東征に対して、正史としての『日本書紀』は「東山道」を全面に押し出して「日本武尊」の東征を記している。「東海道」も、『日本書紀』『続日本紀』において登場する。

④五年の秋九月に、諸国に令して、国郡に造長を立てて、県邑に稲置を置く。並びに楯矛を賜ひて表と為す。則ち山河を隔《さか》ひて国県を分ち、阡陌に随ひて邑里を定む…是を以て百姓安に居ひ天下事無し　（日本書紀・成務天皇）

⑤初修㆓京師㆒、置㆓畿内国司・郡司・関塞・斥候・防人・駅馬《はゆま》・伝馬㆒、及造㆓鈴契㆒、定㆓山河㆒

（日本書紀・六四六年大化改新「詔」孝徳天皇）

⑥大倭・河内・摂津・山背・播磨・淡路・丹波・但馬・近江の能く歌ふ男女、及び侏儒・伎人を選びて貢上《たてまつ》れ

（日本書紀・六七五年）

⑦天下に巡行りて、諸国の境界を限分《さか》ふ

（日本書紀・六八三年）

⑧東山道は美濃より以東、東海道は伊勢より以東の諸国の位有らむ人等に、並に課役を免せ

（日本書紀・六八五年）

⑨伊勢王等を遣して、諸国の堺を定む

（日本書紀・六八四年）

⑩凡その庶務、もはら新令に依れ…この日、使を七道に遣して新令に依りて政し、及び大租を給ふ状を宣べ告げ、并せて新印の様を頒ち付へしむ

（続日本紀七〇一年）

⑪（巡察使派遣）正六位下藤原朝臣房前を東海道に遣す。従六位上多治比真人三宅麻呂を東山道…（北陸道・山陽道・山陰道・南海道・西海道の順に七道すべて記す）道別に録事一人。政績を巡り省て、冤枉を申し理らしむ

（続日本紀・七〇三年）

『日本書紀』によれば、天武朝には⑦「諸国の境界を限分《さか》」い、⑨「諸国の堺を定」めて国境策定が進む。(4)『続日本紀』は、文武朝の律令制下での「七道」整備を記し、道制の下での統治機構を刻印するかの如くに折節の「七道」への派遣や各道関連の事跡・事件を叙している。しかし、『古事記』のみならず『日本書紀』も成務朝の④「山河の隔《さか》ひて国県を分ち」国境確立を説き、「阡陌に随ひて邑里を定む」ことによる国家安泰を、「百姓安に居ひ天下事無し」と讃している。したがって、四世紀半ばから徐々に集権的な「天下」統治が進み、政治的にも秩序化がなされはじめたものと推察される。

「七道」の初出は、大宝律令施行伝達のための使者の派遣を記した『続日本紀』の⑩「この日、使を七道に遣して」である（文武天皇・七〇一年）。特に七〇三年の巡察使派遣に関する⑪は、「東海道」「東山道」のみならず「道別」に「七道」すべての道への派遣を明記しており、「東海道」へは藤原房前、「東山道」へは多治比三宅麻呂を遣わしているのである。これらを含めて『続日本紀』に「七道」は六〇例使用されている。また「東海道」は、「東山道」とともに七〜八世紀にかけての『日本書紀』『続日本紀』の記事に現れる。⑧は課役、⑩は新令（大宝律令頒布）⑪は巡察使派遣に関するものであり、古代中央集権国家の強力な地方統治システムとしての道制が八世紀初頭には制度的にも完成を見たことがわかる。それに加えて「東海道」「東山道」等の道制は、四世紀頃より大和王権と東夷・東国との権力・勢力関係のなかで数百年の推移を経て成立したものであり、後に古代国家の基本法・大宝律令に基づく「七道」の機構のなかに組み込まれたものと推察される。換言すれば、東国が畿内や西国の政治的システムに組み入れられ、古代日本の中央集権化が進むなかで、国境策定が進み越境・連繋のための道と道制が政治的意図をもって歴史書に記述されはじめたのである。『古事記』の「東方十二道」や『日本書紀』に記された「東海道」は、古代国家・王権の側からの歴史的再構築の所産といえよう。また次のような『万葉集』の歌からも、古代東海道の海路と陸路のありようがうかがわれる。

⑫潮騒に伊良虞の島辺漕ぐ船に妹乗るらむか荒き島廻を　（万葉集一・四二・柿本人麿）
⑬いづくにか舟泊てすらむ安礼の崎漕ぎ廻《た》み行きし棚なし小舟　（万葉集一・五八・高市黒人）
⑭桜田へ鶴鳴き渡る年魚市潟《あゆち》潮干にけらし鶴鳴き渡る　（万葉集三・二七一・高市黒人）
⑮妹も我も一つなれかも三河なる二見の道ゆ別れかねつる　（万葉集三・二七六・高市黒人）
⑯三河の二見の道ゆ別れなばわが背も吾もひとりかも行かむ　（万葉集三・二七六・一本歌）

⑰廬原の清見の崎の三保の浦のゆたけき見つつ物思ひもなし　（万葉集三・二九六・田口益人）

⑱昼見れど飽かぬ田子の浦大君の命《みこと》恐み夜見つるかも　（万葉集三・二九七・田口益人）

古代東海道はまさしく海の道であり、陸路に先がけて古来伊勢湾・三河湾を横断する海路が開けていた。特に持統天皇は、六九二年と七〇二年の二度にわたって伊勢国と三河国への行幸を行っている。『万葉集』にはその時の行幸行路（海路・陸路）を示唆する歌が収められている。題詞によれば、六九二年の行幸に人麿は供奉せず留京していたようであるが、三首の連作を通して〈あみの浦―答志島―伊良虞の島辺〉の航路を辿ることができる。[5]⑫の「伊良虞の島辺」が伊良湖岬・神島のいずれであるかについては未だ判然としないが、「幸二伊勢国一時、留レ京柿本朝臣人麿作歌」の連作三首からは、伊良湖岬へと至る古代東海道の伊勢湾ルートが鮮明になる。七〇二年の持統太上天皇三河国行幸の往路は、三河湾を船で進み⑬「安礼の崎」（音羽川河口）あたりに到着したようである（十月十日）。帰路は干潮時の広大な⑭「年魚市潟」（平安以降の鳴海潟）を遠望可能な陸路を用いて、十一月十三日に尾張国へと至ったものと推察される。[6]分岐点での別れを詠む⑮⑯の歌は、三河行幸の宴席で披露された可能性が高く、古代三河の「二見の道」の存在を知る手がかりとなる。「二見の道」はのちの「姫街道」に相当し、古代東海道の幹線から分岐して三河国府を経由し、奥浜名から遠江国庁へと続く道と考えられる。即ち、三河の山綱と渡津駅家の中間地点に一時期設置された「宮地駅」を経て三河の国府へ至り、湖西連邦の峠を越えて浜名湖の北側から遠江の国へ入る道であった。

後述するように、静岡県伊場遺跡から出土した過所木簡には「宮地駅家」が記されている。京へ向かう古代のパスポートに相当するこの木簡によると、「宮地駅家」は三河の「山豆奈」（山綱）「鳥取」の「駅家」の前に位置づけられている。また⑰⑱は、七〇八年に上野国の国司として赴任した田口益人の駿河浄見（清見）崎での詠歌である。『続日本紀』には、和銅元年三月の条に「従五位上田口朝臣益人為二上野守一」とある。[7]また『万葉集』の題詞「田口益人大夫任二上野国一時、至二駿河浄見埼一作歌」によっても、田口益人は政治と軍事の道とされた東山道ではなく、東海道を使用して上野国へ下っていることがわかる。殊に益人は「三保の浦のゆたけき」景に心を奪われ、「田子の浦」からの富士山の眺望を眼前にしつつ、公的任を帯びた身ゆえに「大君の命恐み夜見つるかも」と詠じていて興味深い。

三、「参河国」の「渡津」と「しかすがの渡り」—古代東海道三河・遠江の「渡り」—

静岡県浜松市伊場遺跡から出土した過所木簡は、遠江から「宮地」「山豆奈」「鳥取」の古代東海道・参河の各駅家を経て東山道「美濃関」を通過し、京へ入る際のものと考えられる(8)。

A・□□□美濃関向京　於佐々□□…（表）
・×駅家　宮地駅家　山豆奈駅家　鳥取駅家（裏）
（浜松市伊場遺跡出土過所木簡）

後の公的表記「山綱」に対する木簡の地名表記「山豆奈」から察すると、二字による表記を命じた七一三年の好字令以前に記されたものではないかと推察される(9)。また、千数百年前の京へのパスポートは、古代東海道から東山道・美濃国へ入る縦の移動を今日に伝えている。直接三河から美濃へ入るルートも想定され、尾張国庁ないしはその近隣を経由して美濃国の不破関を越えて京に入った可能性が高い。『万葉集』には、「足柄のみ坂」を越えて東海道を進み、さらに美濃の「不破の関」（美濃関）を越える旅を詠む常陸国の防人・倭文部可良麿の長歌が収められている。

○足柄の　み坂賜り　かへり見ず　我は越《く》え行く　荒し男も　立ちやはばかる　不破の関　越えて我は行く　馬の
爪　筑紫の崎に　留《ちま》り居て　吾《あれ》は斎《いは》はむ　諸《もろもろ》は幸くと申す　帰り来までに
（万葉集二〇・四三七二・常陸国倭文部可良麿）

右の木簡の裏面の最初の「駅家」については、切断により文字の判読が不可能であり、定説を見ない。しかし、後続の各々の「駅家」の文字の前には三河国の駅名「宮地」（宮道）「山豆奈」（山綱）「鳥取」（鳥捕）が記されており、京への行程・駅制をも勘案するならば、遠江から三河に入って最初の駅宿である「渡津」の二文字が記されていたものと推定される。古代駅制に基づく『延喜式』巻二八兵部省の「参河国」には「鳥捕《トヽリ》　山綱　渡津《ワタツ》」、『和名類聚抄』高山寺本巻十「東海駅」にも「鳥捕　山綱　渡津以上三河」とある。したがって、伊場遺跡出土過所木簡の裏面の文字は、古代東海道を東から西へと向かう際の駅名「渡津駅家　宮地駅家　山豆奈駅家　鳥取駅家」と考えられる。なお「参河国」の「渡津」の地名は、「寳飫（飯）郡」（和名類聚抄）にも見られ、古活字本には「和多無都」の訓が万葉仮名で付されている(10)。

B・尾張国駅馬　馬津《マツ》　新溝《ニヒミソ》　両村《フタムラ》
・参河国駅馬　鳥捕《トヽリ》　山綱　渡津《ワタツ》
・遠江国駅馬　猪鼻　栗原　引摩　横尾　初倉《ハツクラ》

（延喜式巻二八兵部省・駅・駅馬）

C・鈴鹿　河曲　朝明　榎撫　市村　飯高　度会以上伊勢
・鴨部　礒部以上志摩
・馬津　新溝　両村以上尾張
・鳥捕　山綱　渡津以上三河
・猪鼻　栗原　門摩　横尾　初倉以上遠江
・小河　横田　息津　蒲原　長倉　横走以上駿河（以下略）

（高山寺本和名類聚抄・巻十「東海駅」）

ところで、承和二（八三五）年には「渡船」や「浮橋」に関する「太政官符」が下されており、『類聚三代格』『続日本後紀』の記事を通して古代東海道の渡河の難所や渡船の実態が知られる。

D・参河国飽海矢作《アクミヤハキノ》両河各四艘、（元各二艘 今加各二艘）…右河等崖岸広遠、不得造橋。仍増件船。

尾張美濃両国堺墨俣《スノマタ》河・遠江駿河両国堺大井河・下総国太日《フトヒ》河・武蔵下総両国等堺住田河　（渡船二艘→四艘）

尾張国草津《カヤツノ》渡・武蔵国岩瀬河・駿河国阿倍河　（渡船一艘→三艘）

駿河国富士河・相模国鮎《アユ》河…右二河流水甚速。渡船多艱。往還人馬損没不少。仍造件橋。【浮橋造営】

美濃尾張両国堺墨俣河左右辺【布施屋造営】　（類聚三代格・承和二年太政官符「応造浮橋布施屋、并置渡船事」）

承和二年の「太政官符」（類聚三代格）は、「応造浮橋布施屋、并置渡船事」として、「参河国飽海矢作両河」のほか「尾張美濃両国堺墨俣河・遠江駿河両国堺大井河等の六河川の渡船二艘を四艘に、「尾張国草津渡・武蔵国岩瀬河・駿河国阿倍河」の渡船一艘を三艘に増加すること、さらに「浮橋」二処「布施屋」二処（美濃尾張両国堺左右辺）の建造を命じている。国（堺）は、美濃から尾張・参河・遠江・駿河・相模・武蔵・下総へ至り、また伊勢湾へ注ぐ今日の木曾川・長良川合流点より三河湾へ注ぐ矢作河・豊川を経て、遠江以東武蔵・下総までの東海道を中心とする一一河川が対象となっている。殊に「参河国飽海矢作《アクミヤハキノ》両河各四艘、元各二艘。今加各二艘…右河等崖岸広遠、不得造橋。仍増件船」は、飽海河（豊川）と矢作河が「崖岸広遠」で架橋不可能な東海道の「渡り」であったことの証左となる。また、この官符を通して、古代東海道の三遠地域はもとより美濃・尾張を経て東国へ向かう際の難所級の渡河点や渡りも推定可能である。

東国への道に従い、承和二年の「太政官符」の「応造浮橋布施屋、并置渡船事」を表示すると次のようになる。

【表二】古代東海道を中心とする河川の渡河・渡船（承和二年太政官符）

河川名	渡船数	太政官符【渡船・浮橋・布施屋】	国・堺	推定河川・渡り・備考
墨俣河	二艘	二艘加船（四艘）	尾張美濃両国堺	木曾川・長良川合流点
墨俣河		布施屋造営	美濃尾張両国堺	左右辺二処（両岸）
草津渡	一艘	二艘加船（三艘）	尾張国	庄内川（甚目寺萱津辺）
矢作河	二艘	二艘加船（四艘）	参河国	矢作川
飽海河	二艘	二艘加船（四艘）	参河国	豊川
大井河	二艘	二艘加船（四艘）	遠江駿河両国堺	大井川
阿倍河	一艘	二艘加船（三艘）	駿河国	安倍川
富士河		浮橋造営	駿河国	富士川　※舟橋
鮎河		浮橋造営	相模国	相模川　※舟橋
岩瀬河	一艘	二艘加船（三艘）	武蔵国	多摩川
住田河	二艘	二艘加船（四艘）	武蔵下総両国等堺	隅田川
太日河	二艘	二艘加船（四艘）	下総国	江戸川

※東海道一〇河川＋東山道美濃・尾張国堺墨俣河

『続日本後紀』の仁明天皇・承和二年六月にも、河毎に「渡舟」二艘を加増し[11]、「浮橋」や「布施屋」を建造する同旨の記述が認められる。しかも「東海東山両道」の「河津之処」が「渡舟数少」「橋梁不備」により、「貢調擔夫来集河辺」ことも記している。つまり、河川渡航ゆえの「貢調」運搬・輸送の難渋・遅延打開策として、古代東海道（一部東山道）河川の難所に対する大規模な交通策が八三五年に打ち出されたと解されるのである。

Ｅ・東海東山両道、河津之処、或渡舟数少。或橋梁不備。由是、貢調擔夫来集河辺、累日経旬、不得利渉…宜毎河加増渡舟二艘…又造浮橋、令得通行。及建布施屋。

（続日本後・仁明天皇承和二年六月）

実際、「太政官符」に記された「墨俣河」以外の河川は東海道に属する。しかし、「墨俣河」（木曾川・長良川合流点）は渡船二艘を四艘にするのみならず、この両岸には「布施屋」を設けることも下命しており、古代の東海道と東山道の連絡路としての「墨俣河」交通への国家的配慮がうかがわれる。[12] 当時の東国から京への道は、「涯岸高遠」な「参河国飽海矢作両河」を渡り、木曾川と長良川が合流する「尾張美濃両国堺」の「墨俣河」を渡って美濃国から東山道に入って京に入るルートが整備されたことも知られるのである。

一一世紀半ばに成立した『更級日記』は、上総国より京へ至る一〇二〇年頃の上洛の旅を記している。『更級日記』に「渡り」は一二例の使用を見るが（「まつさとの渡りの津」「渡りする」各一例含む、周辺を表す「難波わたり」「内わたり」「越のわたり」各一例は除く）、上洛の旅で菅原孝標と娘一行が実際に渡ったであろう「渡り」は、「松里の渡り」（太日川＝江戸川）「（あすだ川といふ）渡り」（隅田川）「大井川といふ渡り」（大井川）「（天ちうといふ河の）そのわたり」（天竜川）「しかすがの渡り」（飽海川＝豊川）「墨俣といふ渡り」（長良川）である。[13] なかでも「松里の渡り」は、乳母の死に際しても「松里の渡りの月かげあはれに見し乳母も、三月朔日に亡くなりぬ」と、かつての上洛の旅を回想しつつ綴っている。

○下総の国と武蔵との境にてある太井川といふが上の瀬、松里の渡りの津に泊りて、夜一夜舟にてかつがつ物など渡す。乳母なる人は男などもなくなして、境にて子産みたりしかば、離れて別にのぼる。

※下総国の太日川（江戸川）の渡り。ただし下総国と武蔵国との境は隅田川。

○武蔵と相模との中にゐてあすだ川といふ在五中将の「いざこと問はむ」と詠みける渡りなりけり。
※武蔵国と下総国の境の隅田川。ただし武蔵と相模との境の川は多摩川。

○大井川といふ渡りあり。水の世の常ならず、すり粉などを濃くて流したらむやうに、白き水、早く流れたり。
※駿河国の大井川の渡り。

○いみじくわづらひ出でて、遠江にかかる。小夜の中山など越えけむほどもおぼえず。いみじく苦しければ、天ちうといふ河のつらに仮屋作り設けたりければ…その渡りして浜名の橋に着いたり。浜名の橋、下《くだ》りし時は黒木を渡したりし、この度《たび》は跡だに見えねば、舟にて渡る。
※天ちう河（天竜川）の渡り。古くは「天の中川」と言った。

○参河と尾張となるしかすがの渡り、げに思ひわづらひぬべくをかし。
※飽海川（豊川）下流の渡りで、「渡津」。ただし三河と尾張との境は境川。

○美濃の国になる境に墨俣といふ渡りして、野上といふ所に着きぬ。そこに遊女《あそび》ども出で来て、夜一夜うた歌ふにも、足柄なりし思ひ出でられて、あはれに恋しきこと限りなし。
※墨俣川（長良川）、上流（安八郡墨俣町）の渡り。

河川名や場所に多少の誤認もあるが、『更級日記』の叙述から、当時の東海道上総・尾張間と東山道の尾張・美濃間の「渡り」の様相がある程度明らかになる。特に「宇治の渡り」は上洛の旅とは別に、「宇治の渡りをする」「渡りする」を含めて三例見られる(14)。作者の『源氏物語』の宇治への関心を背後に、他のいずれの「渡り」よりも詳細に描出していて、人々が集散し活気付いた当時の「渡り」の様子や、高慢な楫取と舟を待つ人々の姿が彷彿とされる。

○宇治の渡りに行き着きぬ。そこにもなほしもこなたざまに渡りする者ども立ち込みたれば、舟の楫取りたる男ども、舟待つ人の数も知らぬに心おごりしたる気色にて、袖かいまくりて顔に当てて、棹に押しかかりて、とみに舟も寄せず。嘯《うそぶ》いて見回し、いといみじう澄みたる様なり。むごにえ渡らで、つくづくと見るに、紫の物語に宇治の宮の娘どものことあるを…殿の御領所の宇治殿を入りて見るにも、浮舟の女君のかかる所にやありけむなど、まづ思ひ出でらる。（更級日記）

平安時代の和歌をはじめとする文学作品には、飽海川（豊川）河口の渡り「渡津」あたりは、「しかすがの渡り」として登場する。『枕草子』は「渡りは、しかすがの渡り、こりずまの渡り、みづはしの渡り」（一八段）と評し、前述の『更級日記』をはじめ、中世三大紀行文の『東山紀行』『海道記』『十六夜日記』も豊川の流れやこの渡りを記している。(15) しかし、歴史的資（史）料はもっぱら「渡津」を記したのに対して、平安・中世文学が「しかすがの渡り」の形象化を試みたのはなぜであろうか。

「しかすが」「しかすがに」は、「然＋す＋が（に）」からなる古代日本語で、「そうではあるがなお…」の意味を表している。また「さすが（に）」と「しかすが（に）」は、前件を受ける「さ」と「しか」の指示機能は異なるものの「すが（に）」は同一と考えられ、〈AしかすがにB〉の「しかすがに」は、矛盾を内包するAとBの関係を前提に副詞的にBを修飾する機能を果たしている。『万葉集』では、順当でない季節の推移（逆行・急変）を詠む歌や二律背反する恋愛感情ないしは相克し逡巡する心を詠む歌に、「しかすにがに」が一二例見られる。

○梅の花散らくはいづくしかすがにこの城《き》の山に雪は降りつつ（万葉集五・八二三・百代）
○うち霧《き》らし雪は降りつつしかすがに我家《わぎへ》の園に鶯鳴くも（万葉集八・一四四一・家持）
○雪見ればいまだ冬なりしかすがに春霞立ち梅は散りつつ（万葉集一〇・一八六二）
○妹と言はばなめし恐《かしこ》ししかすがに懸けまく欲しき言《こと》にあるかも（万葉集一二・二九一五）

○荒磯越す波は恐ししかすがに海の玉藻の憎くはあらずして　（万葉集七・一三九七）

平安時代以降の和歌に現れる歌枕としての「しかすがの渡り」は、古代日本語「しかすが」の言語イメージを担う豊川河口の「渡り」（渡津）であった。むしろ「しかすが」の掛詞的意味の連想から、王朝人に歌枕として迎えられたといえる。『枕草子』に記された三箇所の「渡り」も、歌枕への関心と無関係ではない。「こりずまの渡り」は「懲りず」の意味とともに歴史文学上の「須磨」への興味が働いている。では古代東海道三遠の「渡り」についてはどうであろうか。三河湾へ注ぐ豊川河口は古来川幅が広く、中州や中島を含む川幅は四kmほどあった。河口域にあった「渡り」の広さに加えて東国と西国の国境に位置するために、この「渡り」は古代東海道の難所として知られていた。「渡津」（駅名）のあたりは「しかすが」、その「渡り」は「しかすがの渡り」と称されていたようである。実際「しかすがの渡り」の他、「しかすかの手向けの神」「しかすがの古道」が和歌にも詠まれている。しかし、本来「しかすが」は土壌が堆積した豊川河口の中州としての「すか」に基づく「しかすが」であり、「すか・高すか・横すか・中すか・白すか」等との類似の地形による地名であった。四kmもある豊川河口の中州を捉えた「渡り」の名としての「しかすがの渡り」は、「しかすが（に）」が内包する意味への王朝人の関心ゆえに、歌枕の地として知られ、和歌を中心とする平安・中世文学に定着したものと推察される。むしろ古代日本語「しかすが」が、東西越境の地の「渡り」と結びつくことによって二律背反・逡巡する心を具象化する効果的表現となり、イメージ豊かな和歌表現や文学的表象を産み出すことになったのであろう。

村上の先帝の御屏風に、国々の名をかかせたまへる、しかすがのわたり（他に飛鳥川・石上・伏見・守山・須磨・佐保山・浮島）

○ゆけばありゆかねば苦ししかすがのわたりに来てぞ思ひわづらふ　（中務集・一二九）

永観元（九八三）年、一条の藤大納言（藤原為光・師輔の九男）の家の寝殿の障子に、国々の名ある所を絵に描けるに作る歌（他に鏡の山・大井川・天橋立・八十島・浮島・高砂・田子の浦・大淀）

○ゆき通ふ舟瀬はあれどしかすがの渡りは跡もなくぞありける　（源順集・二六八）

同じ小野（小野宮実頼）の家の屏風の…冬、しかすがの渡に雪降る、旅人舟に乗りて渡する所

○行きやらず帰りやせまししかすがの渡りに来てぞ思ひたゆたふ　（能宣集・一三一）

※藤原（小野宮）実頼は有職小野宮流で村上天皇時代の左大臣、弟は師輔。

しかすがの渡り、舟さす所あり、馬に乗りて人々行く、上の野に鹿多くつらねたり

○いづ方に寄りて渡らんしかすがの手向の神にまづや問はまし　（能宣集・四七五）

此人三河になりて下りたりしに、扇してやりしに、すはまにかきつけし

○惜しむべきみかは（三河・身かは）と思へどしかすがの渡りと聞くはただならぬかな　（赤染衛門集・一五）

大江為基東《あづま》へ下りけるに、扇を遣はすとて

○惜しむともなきものゆゑにしかすがの渡りと聞けばただならぬかな　（拾遺集六・三一六・赤染衛門）

しかすがの渡りにて詠み侍りける

○思ふ人ありとなけれどふるさとはしかすがにこそ恋しかりけれ　（後拾遺集・九・五一七・能因）

※しかすがの渡りに宿りて（能因法師集・九〇）詞書を伴い右の歌所収

屏風の絵にしかすがの渡り行く人たちわづらふ形かける所を詠める

○行く人もたちぞわづらふしかすがの渡りや旅のとまりなるらむ　（金葉集九・六二〇・家経）

しかすがの渡りにて詠み侍りける

○行けばあり行かねば苦ししかすがの渡りに来てぞ思ひたゆたふ　（新勅撰一九・一二九一・中務）

しかすがの渡、志賀須香、参川、永観元年一条大相国家障子絵歌

○行きかよふ舟路はあれどしかすがの渡りはこともなくこそありけれ　（夫木集・源順・一二二〇九）

しかすがの渡、志賀須香、参河、家集

○いづ方に寄りて渡らんしかすがの手向の神にまづや告げまし　（夫木集・能宣・一二二一〇）

名所歌中

○うれしきは今日しかすがの渡りにてみやこ出でたる人にあひぬる　（夫木集・読人不知・一二二一一）

しかすがの古道《ふるみち》、屏風に、しかすがの渡に雪降る、旅人舟に乗りて渡る所

○雪により帰りやせまししかすがの古道問ひていざ渡りなむ　（夫木集・能宣・九三四七）

○渡りは、しかすがの渡り、こりずまの渡り、みづはしの渡り　（枕草子・一八段）

○浜名の橋、下《くだ》りし時は黒木を渡したりし、このたびは、あとだに見えねば舟にて渡る。入江に渡りし橋なり。外の海は、いといみじくあしく波高くて…それよりかみは、猪鼻などいふ坂のえも言はずわびしきを上《のぼ》りぬれば、三河の国の高師の浜といふ…三河と尾張となるしかすがの渡り、げに思ひわづらひぬべくをかし。　（更級日記・十月）

○深夜に立ち出でて見れば、この川は流れ広く水深くして、誠に豊かなる渡りなり。川の石瀬《いはせ》に落つる波の音、月の光に越えたり。河辺に過ぐる風の響きは、夜の音さやけく、まだ見ぬ鄙の栖には月より外に、ながめなれたるものなし。

知る人もなぎさに波のよるのみぞ馴れにし月の影はさしくる

十日、豊河《とよかは》を立ちて、野くれ里くれ遥々と過ぐる、峰野《みねの》の原と云ふ処あり…やがて高志《たかし》山にかかりぬ。石角《いはかど》を踏みて火敲《ひうち》坂を打ち過ぐれば、焼野が原の草の葉萌え出でて、梢の色煙をあぐ。この林地を遥かに行けば山中に堺川あり。是より遠江国に移りぬ。

くだるさへ高しといへばいかがせんのぼらん旅の東路の山

（海道記・四月）

○豊川といふ宿の前をうち過ぐるに、ある者のいふを聞けば、「この道は昔よりよくる方なかりしほどに、近きころ、にはかに渡う津の今道といふ方に旅人多くかかる間、今はその宿は人の家居をさへ外《ほか》にのみ移す」などいふなる。古きを捨てて新しきにつくならひ、定まれることといひながら、いかなる故ならんとおぼつかなし。昔より住みつきたる里人の今さら居うかれんこそ、かの伏見の里ならねども、荒れまくをしく覚ゆれ。

おぼつかないさ豊河のかはる瀬をいかなる人の渡りそめけん

三河、遠江の境に高師の山と聞こゆる山あり。山中に越えかかるほど、谷川の流れ落ちて、岩瀬の波ことごとしく聞ゆ。境川とぞいふ。

岩伝ひ駒うち渡す谷川の音も高師の山に来にけり

（東関紀行・八月）

○日は入り果てて、なほ物のあやめわかるるほど、渡津とかやいふ所にとどまりぬ。廿二日の暁、夜深き有明の影に出でて行く。いつもよりも物いと悲し。

住みわびて月の都は出でしかど憂き身離れぬ有明の月…

高師の山も越えつ。海見ゆる程、いとおもしろし。浦風荒れて松の響きすごく、波いと荒し。

わがためや風も高師の浜ならむ袖のみなとの波はやすまで

（十六夜日記・十月）

【表二】和歌に見る「しかすが（に）」「しかすがの渡り」

	しかすが（に）	作者	しかすがの渡
万葉集	12	家持3 金村1 百代1 未詳7	
古今集			
後撰集	2	▼1家持	
拾遺集	1	▼1家持	1
後拾遺集	2		詞1
金葉集			1 +詞1
詞花集			
千載集			
新古今集	2	▼1未詳	
計	19		2 +詞2

▼印は『万葉集』より八代集への入首（類想）歌

『万葉集』には、「渡り」を詠む歌が一六例あり、「渡り瀬」七例「渡りで」一例「渡り守」五例、計二九例の使用を見る。その内一三例（約45％）は「天の川」に関する歌であり（いでの渡り・安の渡り・年の渡り・遠き渡り等含む）、いずれも七夕関連歌である。集中の「渡り」の地名歌のうち、歌枕として平安時代以降の和歌への受容を見るのは、「佐野の渡り」「許我の渡り」であり、直接的な受容ではないものの古代日本語「しかすが（に）」との関連から「しかすがの渡り」が浮上してくる。

「しかすがの渡り」を詠む歌は、本来場所（地名）を表す語であった「しかすが」に古代日本語の「しかすがに」（そうではあるがなお）の意を重ねつつ他の「渡り」の歌にはない特質をそなえているようである。また勅撰集や私撰集所収歌の多くは、直接渡った際の感慨であるよりは、この渡りを絵画化した屏風絵や障子絵などを見ての詠歌である。しかもその表現は、単なる観念的な虚構に基づくものではなく、「太政官符」に記された「崖岸広遠」に近似の実景や実情にある程度即している。平安・中世の「渡り」を詠む他の歌との共通性や類似性は認められるものの、なお「しかすがの渡り」を詠む歌については、東西越境地域に位置する「東海道」の「渡り」詠としての理解が求められる。

【表三】「しかすがの渡り」を詠む歌の表現

	類的表現	所収歌集	備考
しかすがの渡り	*思ひわづらふ	・中務集二九	
	*思ひたゆたふ	・新勅撰一二九一・能宣集一三一	
	*ただならぬかな	・拾遺集三一六・赤染衛門集一五	
	*たちぞわづらふ	・金葉集六二〇・藤原家経集	
	*恋しかりけれ	・後拾遺集五一七・能因法師集九〇	・建保名所百集「志香須香渡、参川国」（八一七～八二八）
	*はるけき海を隔てて	・兼澄集一一〇	
	*行きもやられず	・範永集九六	*わたりもの憂き
	*わたりもやらず	・堀川集八七・久安百首一〇九六	*うつろひにけれ
	*わたりもあへぬ	・建保名所百首八二六	
	*わたりも遠き	・建保名所百首八二八	・夫木集「しかすがの渡」（一二二〇九～一二二一一・源順・能宣・読人不知）の他、歌合・名所百首等（一二二一二～一二二一六・道経・行意・読人不知）
	*わたり馴れにし	・続後拾遺八五一	
	*跡もなくぞありける	・源順集二六八	
	*渡り絶えにし	・建保名所百首八二一	

【表四】『枕草子』の三大「渡り」所収勅撰集・歌学書

	しかすがの渡り	こりずまの渡り	みづはしの渡り
勅撰集	拾遺集・後拾遺集・金葉集・新勅撰集・続拾遺集（各一）	※こりずまの浦 後撰集（一）	
歌学書	五代・初学・色葉・八雲・名寄・名所・藻塩・類字・松葉・補翼	八雲・藻塩	八雲・藻塩

「渡り」の歌は、一般に地名の担うイメージを活かしつつ「舟・渡し守・通ふ・千鳥」などを縁語とする傾向にある【淀の渡り・宇治の渡り・瀬田の渡り・桂の渡りなど】。「しかすがの渡り」を詠む和歌には固有の動植物（鹿を除く）の素材は認められないが、スケールを伴う「海」「波」「空」や「風」「月」「雪」等の景・素材を詠み込む歌が見られる[16]。平安・中世の「しかすがの渡り」は、川幅の広さによる難渋や水量の多さによる渡り難さが世に知られ、「たちぞわづらふ」「思ひわづらふ」「思ひたゆたふ」「はるかに（はるけき）海を隔てて」「行きもやられず」「わたりもやらず」「わたりもあへず」等と詠まれている。現状を認めつつ反転する思考に基づく「しかすがに」の本義と相俟って、容易に渡ることのできない東西越境の難所は、逡巡し思案する心を具象化する絶好の歌枕の地となった。このような和歌に、点景となる個別的素材が介在する余地はなく、渡り全体を包摂する景や素材を織り込みつつ一首の表現が構成されることになったと推察される。

また、『中務集』の「村上の先帝の御屏風に、国々の所々の名をかかせたまへる」とある内裏屏風歌「ゆけばありゆかねば苦ししかすがのわたりに来てぞ思ひわづらふ」（九五四年頃）や、『源順集』の詞書の「永観元（九八三）年、一条の藤大納言（藤原為満）の家の寝殿の障子に、国々の名ある所を絵に描ける」障子絵による「ゆき通ふ舟瀬はあれどしかすがの渡りは跡もなくぞありける」の詠歌からは、「しかすがのわたり」の絵画化の状況が窺われる。『金葉和歌集』にも「屏風の絵にしかすがの渡り行く人たちわづらふ形かける所を詠める」とあり、「しかすがの渡り」についても平安中期頃から屏風絵や障子絵をもとに和歌が詠まれた史実とともに、平安後期から中世へと続く名所詠や題詠歌の推移が辿られる。しかも【表四】から明らかなように、『枕草子』の「しかすがの渡り」に対して「こりずまの渡り・みづはしの渡り」は、歌学書に記載はあるが勅撰集には所収歌がない。これによっても「しかすがの渡り」の歌枕としての知名度の高さが判然とする。

四、むすび

奥三河を水源とする豊川は、古代より新城市・豊川市を下向しながら豊橋市河口を経て三河湾へと注いでいた。『海道記』（一二二三年頃）は、月光に照らし出された「豊河」の流れと「豊かなる渡り」を記し、東国との境に位置する「高志山」を「東路の山」と詠じている。『東関紀行』は、仁治三年（一二四二）当時「渡う津の今道」へと豊川の渡りが移り、かつての「豊川といふ宿の前」の繁栄も衰微衰退していることを叙し、「おぼつかないさ豊河のかはる瀬をいかなる人の渡りそめけん」の歌を認めている。また『十六夜日記』も、弘安二（一二七九）年、都から鎌倉に下る途次『延喜式』に記された古駅「渡津」に泊まったことを記し、作者阿仏尼は「いつもよりも物いと悲し」と思う心を有明の月に託しつつ詠じている。

わけても承和二年（八三五）の「太政官符」の「参河国飽海矢作両河」に対する「崖岸広遠、不得造橋」は、古代東海道の「渡り」（墨俣のみ東山道）の実状を示している。しかもこの下命は、木曾川・長良川合流点（墨俣川）より矢作河・豊川（飽海川）を経て遠江以東武蔵・下総に至る一一河川に対する、当時の河川渡航上の交通渋滞、「貢調」運搬輸送の遅延打開策に他ならない。そのうち、木曾川と長良川の合流点にあたる「墨俣川」には、古代東海道と東山道を結ぶ要衝として、増船のみならず両岸に布施屋の設置も下命し、「参河国飽海矢作両河」にまさる施策を講じている。この官府は、東海道の「崖岸広遠、不得造橋」に相当する「渡り」のみならず、東海・東山の二道を結ぶ要衝の「渡り」への施策としても注目される。

特に豊川河口の「渡津」は、『延喜式』（兵部省・駅・駅馬）や『和名類聚抄』（東海駅）に駅名が記され、『和名類聚鈔』の「参河国宝飯郡」には「和多無都」と和訓割注が付されている。「渡津」の「渡り」は、平安中期以降「しかすがの渡り」として古典文学に登場する。「しかすがの渡り」は、二律背反する心や逆接的関係を表す古代日本語「しかすが（に）」の言語イメージを揺曳させる歌枕として、平安から中世にかけての和歌文学の世界に定着した。わけても、豊川河口の中州＝「すか」を捉えた地名「しかすがの渡り」が、東西越境の難所であったことは看過できない。古代日本語「しかすが」の、ためらい逡巡する心や二律背反する心をシンボライズする機能と相埃って、「しかすがの渡り」は格好の歌枕の地となったものと推察される。『枕草子』の「渡りは、しかすがの渡り、こりずまの渡り、みづはしの渡り」（一八段）は、「しかすが」の地と「しかすが」の意味への関心を背景にしている。「しかすがの渡り」は歌学書にもしばしば記され、日記文学においても一〇二〇年頃の上総から都への上洛の旅を叙した『更級日記』をはじめ、一三世紀の中世三大紀行文の『海道記』『東関紀行』『十六夜日記』が、鎌倉へ向けての旅の途次「しかすがの渡り」「渡津」「渡津の今道」や三河・遠江国境地域の景を描出している。

東海道筋に当たる三遠の景勝地―豊川河口から高師・浜名にかけては、東西を分かつ国境に位置する当地の地域性と山海や湖の織り成す自然が旅人の心を捉え、逡巡や悲愁・寂寥感を具象化する心象の景として古典文学に描出された。特に、平安中期から後期にかけての屏風歌や名所歌に詠まれた「しかすがの渡り」は、中世に入って橋が架けられることにより廃れたものの、この渡りのイメージは中世まで残り、屏風絵や障子絵をもとに詠み継がれたのである。比定される地は、昭和三十年代まで痕跡が残っていた豊川（飽海川）の河口「渡津」付近であるが、今日その面影を辿ることは困難である。独創的な文字文化を紡ぎ出した「しかすがの渡り」は、時代の推移のなかで言語イメージを失い、現在では人々の記憶からも遠ざかりつつある。

そうであればこそ、我々は精彩を放っていた時代の文字文化遺産を丹念に掘り起こし、言語表現に則した正確な理解のもとで、東西越境の地ならではの独自性や歴史的価値を捉え直す必要があろう。歴史・文化を基盤とする越境地域政策の可能性は、そこにあると考えられる。

※本文の引用は次の通りである。『更級日記』および中世三大紀行文『海道記』『東関紀行』『十六夜日記』については、主として『新編日本古典文学全集』（小学館）を用いつつ『新日本古典文学大系』（岩波書店）（『更級日記』については『日本古典文学全集』（小学館））を参照した。また、『万葉集』および勅撰集・私撰集等の歌集については、『日本古典文学大系』（岩波書店）『新編国歌大観』（角川書店）によった。その他の作品も『日本古典文学全集』および『新編日本古典文学全集』を中心に『日本古典文学大系』『新日本古典文学大系』を用い、歴史学の文献に関しては概ね『新訂増補国史大系』（吉川弘文館）によった。ただし、読解の便を考慮に入れ適宜表記を改めた。

〔注〕

1　「第二東名高速道路」の開通前日、『朝日新聞』は「新東名期待も運ぶ」と評し、ダブルネットワーク化による渋滞減少（1/4に）・津波被害のない救援輸送路への期待を記している（『朝日新聞』二〇一六年二月一二日朝刊三三頁）。

2　坂本太郎『古代の駅と道』（著作集第八巻）吉川弘文館・一九八九年、並びに武田佐知子『古代日本の衣服と交通』思文閣出版・二〇一四年。

3　福田武史「「あづまの国」の成立」二〇〇七年『万葉』199号。氏は「『古事記』には「東海道」は登場せず、逆に、『日本書紀』には「東方十二道」は一度も現われない」こととともに、「東方十二道」が「東海道」の「前進と定位されている」ことを指摘している。本居宣長『古事記伝』も、「東方十二道、【日代の宮の段にも見ゆ、東海道なり】…景行の巻に、東山道、十五国など見え、孝徳の巻に、畿内の定め見えて…持統の巻に四畿内と云こと所々に見え…天武の巻に、山陽道、山陰道…又東海、東山、山陽、山陰、南海、筑紫と六道並びて見え…文武紀に、七道と見えたり」、「十二は、何れの国々を合せたる数にか、今さだかに知りがたし。されどこころみに云はば、伊勢尾張参河遠江駿河甲斐伊豆相模武蔵総常陸陸奥なるべきか、倭建の命の段にも、東方十二道とあり、是れ上つ代の定めなりけむかし」と説く（古事記伝・二三巻）。

4　松原弘宣『古代日本の交通と情報伝達』汲古書院・二〇〇九年、鈴木靖民・荒井秀規編『古代東アジアの道路と交通』勉誠出版・二〇一一年、鈴木靖民・吉村武彦・加藤友康編『古代山国の交通と社会』八木書店・二〇一三年、武田佐知子『古代日本の衣服と交通』思文閣出版・二〇一四年、鈴木靖民・川尻秋生・鐘江宏之編『日本古代の運河と水上交通』八木書店・二〇一五年、和田明美「越境地域と文学」（愛知大学三遠南信地域連携研究センター『越境地域政策への視点』）二〇一四年他。

5　和田明美「「あみの浦」の歌について」（山崎良幸『万葉集の表現の研究』風間書房・一九八六年）。

6　和田明美「持統太上天皇三河行幸と万葉歌」（犬飼隆・和田明美編『語り継ぐ古代の文字文化』青簡舎・二〇一四年）。『続日本紀』には、大宝二（七〇二）年十月三日「諸神を鎮め祭る。参河国に幸せむとしたまふ為なり」、十月十日「太上天皇参河国に幸したまふ」、十一月十三日「行《みゆき》、尾張国に至りたまふ」、十一月十七日「行、美濃国に至りたまふ」、十一月二十二日「行、伊勢国に至りたまふ」、十一月二十四日「伊賀国に至りたまふ。行の経過ぐる尾張・美濃・伊勢・伊賀等の国の郡司と百姓とに位を叙し禄賜ふこと各差有り」、十一月二十五日「車駕、参河より至りたまふ。駕に従える騎士の調を免《ゆる》す」とある。

7　大宝二（七〇二）年より古代東山道の整備を進めた笠麻呂は、慶雲三（七〇六）年七月に続いて七〇八年三月の時点でも「美濃守」の任に就いたことが同じ条に記されている。「従五位上笠朝臣麻呂為二美濃守一」（続日本紀・和銅元年）。古代東山道の整備は七一三年に終り、新しく「吉蘇路」が開かれた。「美濃・信濃二国堺、徑道険隘往還艱難。仍通二吉蘇路一」（続日本紀・和銅六年）。

8　市大樹「木簡「美濃関向京」」は、この過所木簡を「遠江国敷智郡の人が「美濃関」（不破関）を越えて平城京（七一〇～八四）へ向かうという内容」と位置づけている（文字のチカラ展実行委員会編『文字のチカラ　古代東海の文字世界』二〇一四年・一〇〇頁）。

9　『続日本紀』和銅六（七一三）年五月の条には、風土記撰進とともに、「畿内と七道との諸国の郡・郷の名は、好き字を着けしむ」とあり、しかも好字二字での地名表記を下命している。「用二二字一必取二嘉名一」（延喜式・民部上）。

10　「形原加多乃波良　赤孫阿加比古　美養　御津　宮道　望理　賀茂　渡津　篠束之乃豆加　宮島　豊川止夜加波　雀部」（高山寺本和名類聚抄巻六「参河国・寳飫郡」）。「形原加多乃波良　赤孫安加比古　美養　御津美都　宮道美也知　望理　賀茂　渡津和多無都　篠束之乃都加　宮島美也之末　豊川止興加波　雀部散々倍　驛家」（古活字本和名類聚鈔・巻六「参河国・寳飯郡」）。

11　『新撰字鏡』（天治本）は、「舶」に「和太利不祢」（舟部第五一）、「灘」に「和太利世」の訓を付している。また、高山寺本『和名類聚抄』も「済」に『和太利』の訓を付し、「渡処也」と記す。

12　「この渡りは尾張が東山道に属していたころの東山道尾張支路に属し、承和の当時は東山道と東海道の連絡路が通っていたのであろう」（木下良『古代を考える　古代道路』中「東海道―海・川を渡って―」吉川弘文館・一九九六年・六二頁）。

13　工藤進思郎「『更級日記』に関する一考察―上洛の記に見られる地名とその記事をめぐって―」は、地名の記載方法と「歌枕」の認知度に着目し、「といふ」による「伝聞形式」の地名27例には「歌枕というものが見られない」のに対して、

「地名そのものの形」18例は「歌枕として認知されている地名」と規定している。これに従えば、「渡り」に関する伝聞形式「といふ渡り」に属する「あすだ川」「大井川」「天ちふ川」「墨俣」に対して、「松里の渡り」「しかすがの渡り」「宇治の渡り」は歌枕として認知された地名となる（『金城学院大学論集』通巻第53号国文学編第15号一九七二年）。なお、「天ちふ川」（天竜川）の「渡り」に関しては、連体詞「その」で受けて「その渡りして浜名の橋に着いたり」と表現している。

14　「宇治の渡り」は古代歌謡にはじまり、『万葉集』や平安・中世和歌にも見られ、『五代集歌枕』や『歌枕名寄』にも所収の歌がある。「ちはやぶる　宇治の渡りに　棹取りに　速けむ人し　わがもこに来む」（古事記歌謡五〇・日本書紀歌謡四二重出）「ちはや人　宇治の渡りに　渡り瀬に　立てる　梓弓檀　い伐らむと　心は思へど…」（古事記歌謡五一・日本書紀歌謡四三重出）。特に『万葉集』の「宇治の渡り」を詠む歌三例も古代歌謡と同様、激流の威力を表象するべく枕詞「ちはやぶる」や「ちはや人」を冠している。「ちはや人宇治の渡りの瀬を速み逢はずこそあれ後も我が妻」（一一・二四二八）「そらみつ　大和の国　あをによし　奈良山越えて…ちはやぶる　宇治の渡り…山科の　石田の杜の　皇神に　幣取り向けて　我は越え行く　逢坂山を」（一三・三二三六）「大君の命恐み…奈良山越えて　真木積む　泉の川の　早き瀬を　棹さし渡り　ちはやぶる　宇治の渡り　激つ瀬を　見つつ渡りて　近江道の　逢坂山に　手向けして　我が越え行けば…」（一三・三二四〇）。

15　久曾神昇『三河地方と古典文学』（名著出版・一九八九年）。小谷野純一『平安日記の表象』は、国境に対する固執の一例として「しかすがのわたり」をあげている（笠間書院・二〇〇三年）。

16　山下道代『歌枕新考』は、「多くの歌枕には、それを歌枕たらしめている固有の景物があるものである。たとえば吉野における「雪」、佐保川における「千鳥」、宮城野における「萩」のように。しかし歌枕「しかすがの渡り」には、そうしたたぐいの景物はなにもない」と説く（青簡舎・二〇一〇年・一八五頁）。

◎コラム――

三遠南信地域の歴史GISデータベースの構築に向けて

飯塚　隆藤

三遠南信地域は東三河・遠州・南信濃からなる地域であり、東海道をはじめとする街道、天竜川や豊川などの河川、浜名湖などの湖沼群を有し、人々や物資、さらには文化・情報が地域内を行き交ってきた。現在では行政上、三県にまたがる地域であるものの、歴史的な結びつきは強く、これまで歴史・文化に関する様々な研究蓄積が存在する。筆者は歴史地理学・地理情報科学の分野で、主に近代における河川舟運の地域的変化について研究を進めてきたが、それとともに歴史GISデータベースを用いた研究手法にも強い関心がある。小文では、三遠南信地域の歴史GISデータベースの構築に向けて、若干述べてみたい。

GIS（地理情報システム）は地理情報を取り扱ってきた地理学や考古学を問わず、歴史学、文学、芸術、情報学など、多くの分野において用いられてきた。とりわけ、古文書や古記録、日記といった紙媒体の文字史料をデジタル化（データ化）して、絵図や近代測量に基づいた地図などの史料に含まれる地理情報（地名や位置、経緯度など）をもとにパソコン上で復原し分析する研究が歴史研究においても増加しつつある。こうした手法は、歴史GIS（Historical GIS）と呼ばれ、日本においても二〇〇〇（平成一二）年以降、新たな研究分野として注目されている。

筆者が所属する日本地理学会では、二〇〇九（平成二一）年度から「地図・絵図資料の歴史GIS研究グループ」（前身は地籍図類による景観復原研究グループ）が活動を開始し、毎年研究成果が発表されている。また、人文地理学会では、二〇一四（平成二六）年七月に開催された歴史地理研究部会「歴史GIS再考」において、歴史GISを用いた情報管理と分析の課題や可能性がテーマに掲げられ、考古学と地理学の研究者から事例研究の提示と問題提起がなされた。このように歴史GISの研究成果は近年著しいものがあるが、ここでは日本のなかでも代表的な三つの事例を紹介したい。

一つ目は、筑波大学の「歴史地域統計データ」プロジェクトである。このプロジェクトでは、明治期から昭和初期に関する地図や統計に含まれる膨大な情報をデータベース化し、インターネットを通して、無償ダウンロードサービスを公開している。また、これらのデータをもとに構築された「歴史統計インターネットGIS」や「行政区画変遷WebGIS」などのウェブサイトは、インターネットを利用して閲覧できるため、研究成果を広く社会へ還元しているものといえる。

二つ目は、立命館大学による「バーチャル京都」プロジェクトである。立命館大学では、文部科学省から採択された21世紀COEプログラム「京都アート・エンタテインメント創成研究」からグローバルCOEプログラム「日本文化デジタル・ヒューマニティーズ拠点」に継承していくなかで二〇〇七（平成一九）年からは「歴史GIS」を一つの柱に掲げ、「バーチャル京都」のプロジェクトをはじめ、さまざまな研究プロジェクトが進められてきた。その成果は、『京都の歴史GIS』（ナカニシヤ出版、二〇一一年）に代表される。また、立命館大学では、古代から現代までの京都を中心として、地図や資料のデジタル化、GISデータベースの構築、さらにはGISを用いた時空間分析を進めているが、このような研究アプローチは地理学のみならず、歴史学や文学、芸術など

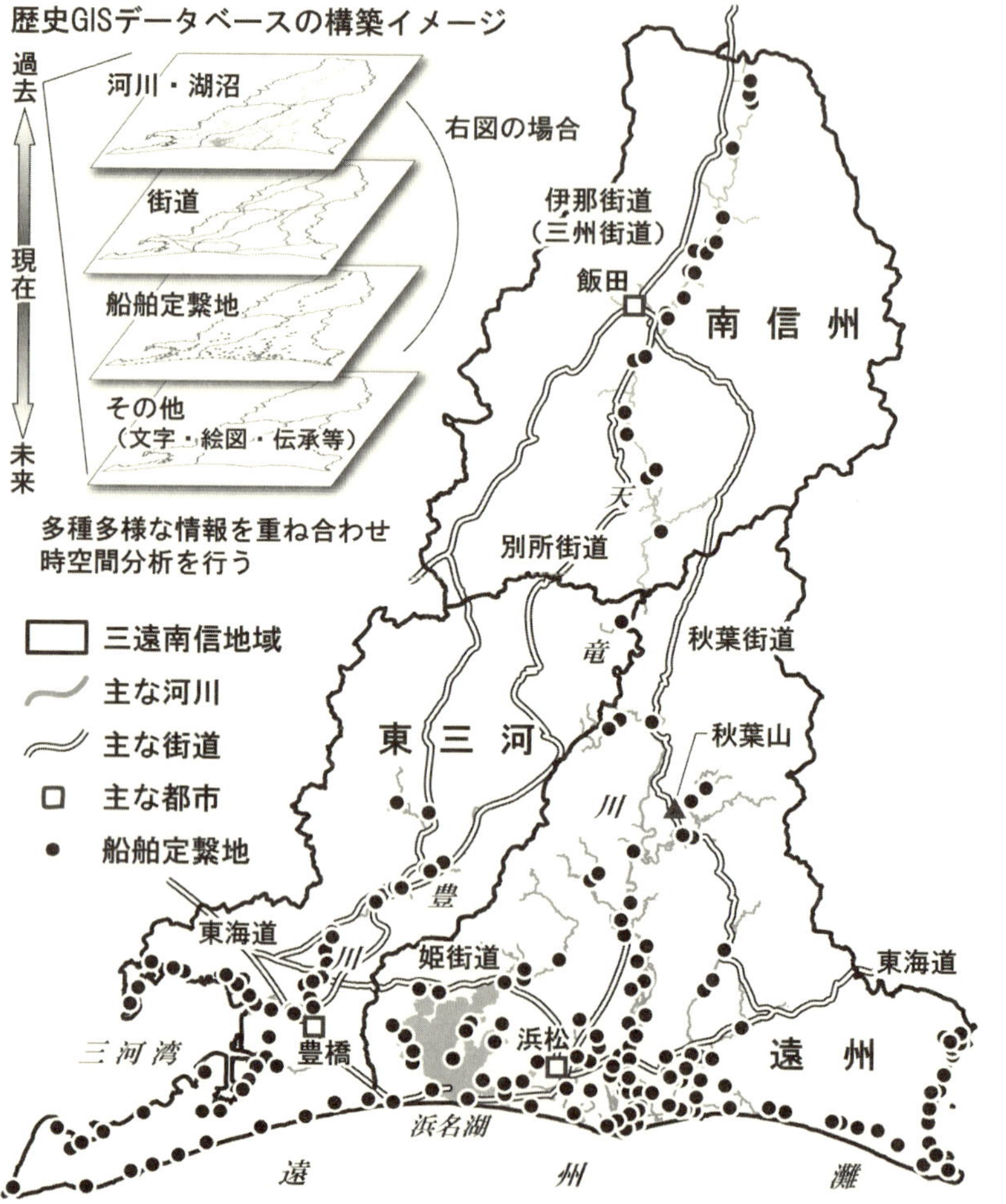

明治中期から後期にかけて発行された地形図をもとに、主な河川や湖沼、街道のデータを作成した。船舶定繋地については、『徴発物件一覧表 明治 23 年版』より作成した。

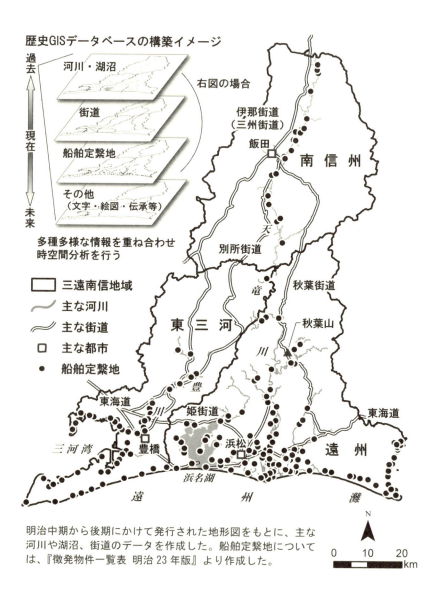

の人文科学をはじめ、情報学や土木工学、建築学などの分野にまで影響を与えている。言い換えれば、ＧＩＳデータベースの構築からはじまり、それをＧＩＳ上で重ね合わせや時間的・空間的分析を行うことによって、他分野との協働が図れることを示しているだろう。

三つ目は、二〇〇九（平成二一）年七月に人文地理学会歴史地理研究部会と情報処理学会人文科学とコンピュータ研究会が共催した「Historical GIS の地平」シンポジウムである。ここでは、六つのセッションで二〇の発表が行われ、その成果は『歴史ＧＩＳの地平―景観・環境・地域構造の復原に向けて』（勉誠出版、二〇一二年）として出版された。本書では、大きく「基礎技術」と「景観・環境・地域構造の復原」の二編に分けられ、前者では「歴史ＧＩＳアーキテクチャの開発」、「デジタル地名辞書の構築」、後者では「古地図・絵図・古写真」、「人口の分布と移動」、「集落形成と自然環境」をテーマに論文がまとめられている。

以上のように、歴史ＧＩＳに関する研究は増加傾向にあり、こうした背景には、コンピュータのハードウェア・ソフトウェアの発達や、デジタル技術やデジタル・アーカイブに関する研究開発の進展のみならず、国内においては立命館大学が取り組んできたデジタル人文学（Digital Humanities）が一つの学問分野として根づいたことも大きいだろう。

筆者は前述の立命館大学の歴史ＧＩＳプロジェクトを通して、歴史ＧＩＳデータベースを一つ一つ積み重ねることで、新たな知見を得られるだけではなく、地域の資源を発掘し、地域に活かせることを肌で感じてきた。プロジェクトを遂行するためには、地域における史資料の現存状況によって大きく制約されることは言うまでもないが、大学・博物館などの研究教育機関や地域住民の方々との共同研究が必要不可欠である。今後、三遠南信地域の歴史ＧＩＳデータベースの構築に向けて、古文書や古記録、絵図や地図などの紙媒体の史料だけではなく、地域の伝承なども含めた幅広い情報を入手し、データベース化していきたい。そして、複雑かつ多様な地理情報を可視化することで、地域にわかりやすく発信することを目指したい。さらには、歴史災害などの情報も重ね合わせて、発生が危惧されている東海地震や南海トラフ地震への対策としても、歴史ＧＩＳデータベースを活用できるように取り組んでいきたい。

◇ 中世・近世・近代編

三河・遠江国境地域の中世

山田　邦明

はじめに

現在の愛知県と静岡県の県境は、かつての三河国と遠江国の境と重なる。古代から現在まで行政体を区分する境が存在しているわけだが、この境によって地域が大きく分かれるという印象はあまりなく、愛知県の東端地域と静岡県の西端地域は、かなりの共通性を持ち、人びとの交流も盛んだというイメージがある。

この県境（国境）の南部の様子（豊橋から湖西まで）を考えてみると、ここには国道一号線とＪＲの東海道本線が通っているが、地形は平坦で、移動していても県境を越えたという実感はない（境川が境界になっているが、小さな川なのでほとんど気づかれない）。これより北の山間部になると、県や国を隔てる山々があるが、比較的低い山で道も通じていて、人びとの交流も盛んである（新城に住んでいる方の多くは車で浜松に買い物に行く）。

愛知県の東端にあたる豊橋市・新城市東部と、静岡県の西端にあたる湖西市・浜松市北区西部（三ケ日町）の一体性は現在でも実感できるが、こうした状況は古い時代から存在していたものと思われる。本稿は平安後期から鎌倉期を経て室町期に至る、「中世」といわれる時代のこの地域のありさまを、文書や記録などの史料をもとに探ろうとした試みだが、すべてのことに触れるのは難しいので、地域の状況と人々の交流にかかわる特徴的なことがらにしぼって、いくらか考察を加えてみたい。なお、戦国時代も一般には中世に含まれるが、ここでは紙数の都合もあり、室町期までに時期を限ることとする。

一、神宮領の展開

日本列島の諸地域は、奈良時代の頃に六十あまりの国に区分され、国の中には郡が置かれた。三河国の東端地域には渥美郡と八名郡があり、遠江国の西端地域には浜名郡と引佐郡があった。三河の渥美郡と八名郡はいずれも現在の豊川の東にあり、海に面した南部が渥美郡、山あいの北部が八名郡になる。遠江の浜名郡は浜名湖の西の一帯で海に面しており、浜名湖の北の山麓部が引佐郡になる。これは平安中期に編纂された『和名類聚抄』(1)から推測される郡域で、三河の渥美郡と八名郡は中世以降も郡域に変動はない。遠江の場合、引佐郡は変化がないようだが、中世になると浜名湖の西部（現在の湖西市域）が敷智郡に編入され、浜名郡は三ケ日地域に限定された模様である（敷智郡は当初は浜名湖の東のみで、中世になって浜名湖の西部に広がったことになる）。

平安時代になってから、伊勢の神宮の勢力が三河や遠江にも及ぶことになる。神宮が支配する「神戸」は伊勢国の神宮周辺に広がっていたが、やがて朝廷の認可を得て、海を隔てた尾張・三河・遠江にも神戸が設定されるようになったのである。まず大同元年（八〇六）に尾張・三河・遠江に神戸（本神戸）が置かれたが(2)、三河の本神戸は渥美郡にあり、三河湾に面した現在の神戸（田原市神戸町）がこれにあたる。遠江の本神戸は浜名郡にあり、現在の浜松市北区三ケ日町に位置し「浜名神戸」とも呼ばれた。

続いて天慶三年（九四〇）には「新神戸」が設置される。藤原純友の反乱の鎮定を感謝する目的で、朝廷から神宮に封戸を寄進する形で新神戸が成立したのである。[3] 三河の新神戸は渥美郡にあり、現在の豊橋市街（市役所の近く）に置かれて「飽海神戸」とも呼ばれた。遠江の新神戸は「中田神戸」と呼ばれたようで、浜名郡内にあったと思われるが、場所は特定できない。

このように平安時代の前期から中期にかけて、三河と遠江に神宮の本神戸・新神戸が置かれたわけだが、その場所が三河と遠江の境目の一帯の中にあることは注目できる。三河と遠江に進出するにあたって神宮の関係者が着目したのが、まさにこの地域だったのである。三河の本神戸・新神戸は三河湾に面していて、伊勢との交流は容易だったし、遠江の本神戸は浜名湖の西岸にあり、湖と海で伊勢とつながっている。神宮とその関係者は、船で容易に交流できるこの地域に目をつけ、次々と神宮領を設置していったのである。

その後の神宮領の広がりについては、鎌倉初期の建久三年（一一九二）に作成された神宮領の注文（注進状）[4] から具体的にうかがうことができる。新神戸が設置されたあと、時期は不明だが各国に三つめの神戸が設置され、「新封戸」あるいは「新加神戸」と呼ばれた。三河の新封戸は渥美郡の大津（現在の豊橋市老津町）にあり「大津神戸」と呼ばれた。遠江の新封戸は早い段階で実質を失い、場所がわからなくなったらしく、鎌倉初期に向笠郷（現在の磐田市、太田川の右岸地域）を新封戸とすることにしたようである。

ここまでに設置された神宮領は、地域の住人を把握するという意味で「神戸」と呼ばれたが、これからあとに広がっていく神宮領は「御厨」あるいは「御園」と呼ばれるようになった。「御厨」と「御園」の区分はあいまいで、同じ神宮領が御厨とも御園ともいわれることもあるが、海に面して海産物をもとに生活しているところを「御厨」、畠や菜園が広がっているところを「御園」と称したようである。

平安時代の後期、三河国に橋良御厨・生栗御厨・饗庭御厨・薑御園・伊良胡御厨、遠江国に尾奈御厨・都田御厨・

蒲御厨・鎌田御厨・刑部御厨が設定された。その時期は不明だが、建久三年の注文に「これらの神宮領のことについては、嘉承の注文と永久の宣旨に見える」と記されているから、嘉承年間（一一〇六〜〇八）より以前、おそらくは十一世紀の中頃に御厨や御園の設置がなされたものと思われる。その後も神宮領の設置は続き、延久二年（一〇七〇）に遠江の山口御厨、寛治元年（一〇八七）に遠江の豊永御厨、保安二年（一一二一）に遠江の小高御厨が成立し、同じ頃に三河でも高足御厨や蘇美御厨が設置されたようである。天養二年（一一四五）には遠江の美園御厨が再興され、長寛元年（一一六三）には三河の吉田御園を神領と認める奉免の宣旨が下された。さらに仁安三年（一一六八）に三河の神谷御厨が成立し、遠江の大墓御厨もこのころに登場している。

十一世紀から十二世紀にかけて、三河と遠江に多くの御厨・御園が設定された。三河国の橋良御厨・生栗御厨・饗庭御厨・薑御園・伊良胡御厨・神谷御厨・高足御厨・蘇美御厨・吉田御園、遠江の尾奈御厨・都田御厨・蒲御厨・鎌田御厨・刑部御厨・山口御厨・豊永御厨・小高御厨・美園御厨・大墓御厨がこれにあたる。三河の神領のうち、橋良御厨・薑御園・伊良胡御厨・高足御厨・吉田御園は渥美郡内にあり、饗庭御厨・蘇美御厨が幡豆郡、神谷御厨は八名郡にある（生栗御厨の場所は不明）。遠江の神領は、尾奈御厨・大墓御厨が浜名郡、都田御厨・刑部御厨が引佐郡、蒲御厨・豊永御厨・美園御厨が長上郡、鎌田御厨が山名郡、山口御厨・小高御厨が佐野郡に所在する。三河の場合、神宮領の大半は渥美郡内にあり、幡豆郡にも早くから設定され、やや下って渥美郡の北の八名郡にも神谷御厨が置かれたという流れをうかがうことができる。遠江では本神戸のある浜名郡や、その北東に隣接する引佐郡に神領が設定されたが、これより東の長上郡・山名郡や佐野郡にも御厨・御園が成立していて、三河と比較すると、国内の各地に散在しているという印象を受ける。

平安時代後期に神宮領が広がっていくと、国の統治者である国司（国守）との間で必然的に争いが起きることになった。三河では長承三年（一一三四）に国司と神宮禰宜の争いが朝廷の法廷に持ち出され、陣定の場で審理がなされている。(5) 神宮の禰宜は「三河国の神郡の四至内はみな神領であると、天永年間（一一一〇～一三）の宣旨に記されている」と主張したが、国司は「四至内のすべてが神領ということになると、二つの郡を失ってしまう」と反論した。ここにみえる二郡とは渥美郡と幡豆郡のことだろうが、この郡の中に神領を置いた神宮の側は、神領のある郡の範囲はすべて神領であると主張したわけである。国司の抵抗もあり、神宮の主張は認められなかったようだが、当時の神宮の神官たちが勢いをつけて国司を脅かしていた様子がうかがえる。

遠江国でも早くから神宮と国司の対立が表面化していた。遠江の浜名郡に尾奈御厨という神宮領があったが、国司の源基清がこれを取り戻そうとして、三十余町の田に入って稲を刈り取り、さらに近くの浜名本神戸の田にも乗り込んで稲を刈るという所行に及び、神宮の側が朝廷に訴えて、承暦四年（一〇八〇）に陣定で裁定がなされている。(6) これは国司の側が神宮領を停止させたり、神宮領に乱入したりするケースだが、引佐郡にある都田御厨も国衙にいる在庁官人の訴えによって停廃の憂き目にあい、仁安二年（一一六七）に神宮の神官たちが朝廷に訴え、神領を復活させてほしいと願っている。(7) 遠江では国司の側が神宮領を停止させようとする動きがめだつが、尾奈御厨も都田御厨も結局は神宮領として認められ、国司の動きは抑えられた模様である。

やがて源頼朝が鎌倉に武家政権（鎌倉幕府）を樹立するが、頼朝も神宮を崇敬して神領保護の立場をとり、元暦元年（一一八四）に遠江の都田御厨を神宮領として安堵している。(8) 頼朝のあとを継いだ源頼家も正治元年（一一九九）に三河の本神戸・新神戸・大津神戸・伊良胡御厨と遠江の蒲御厨に武家の地頭を置かないことを約束し、三河の蘲御厨（薑御園）と橋良御厨については、地頭職を神宮に寄進している。(9) 朝廷も鎌倉幕府も基本的には神宮の所領支配を認めていたので、神宮領の経営は順調に進められていたが、鎌倉時代の後期になると、新興の武士の勢力が神宮領にも及び、神宮の所領支配は危機に直面したようである。遠江の浜名神戸（本神戸）では出羽五郎家親という武士が神戸内に乱入して狼藉をはたらき、弘安八年（一二八五）に本神戸の司の大江助長が朝廷に申請して、乱妨停止の院宣を下してほしいと頼んでいる。(10) また三河の吉田御園には三河守護足利氏の勢力が及び、その被官の斎藤五郎左衛門尉が管理にあたっていたようだが、この斎藤が吉田御園の東にある飽海神戸に乗り込み、「ここも吉田御園の内だ」と言って濫妨をはたらくという事件が起きた。(11) 飽海神戸の司の荒木田有俊が内宮にこのことを伝え、元応二年（一三二〇）に内宮の神主が連署して朝廷に注進状を提出している。

神宮の所領支配は困難に直面していたが、こうした中でもあらたな神宮領の設定は続けられ、御厨や御園の数は大きく増加することになる。そのありさまは南北朝期の延文五年（一三六〇）の神宮領注文(12)からうかがえるが、この注文にみえる三河と遠江の神宮領を列記すると以下のようになる。

〔三河国〕

本神戸　新神戸　新封戸（大津神戸）　橋良御厨　生栗御厨　神谷御厨　高足御厨　饗庭御厨　蘲御園

伊良胡御厨　蘇美御厨　吉田御園　角平御厨　吉胡御厨　富津御園　秦御園　河内御園　大墓御園

院内御園　根田　田原　新家　野依御厨　岩前御園　上谷御園　加治御園　浜田御園　泉御園　保由御園

香淵御園　大草御園　勢谷御園　杉山御園　弥熊御園　赤坂御厨　蘇美御園　富永御園

〔遠江国〕

本神戸　新神戸　新封戸（篠原神戸）　小高御厨　尾奈御厨　都田御厨　蒲御厨　鎌田御厨　刑部御厨

祝田御厨　美園御厨　豊永御厨　大墓御厨　池田御厨　大崎御園　小牧御厨　宇治の御厨　小松御厨

佐久目御園　山口御厨　方田御厨　土田御厨

三河国の神宮領をみると、本神戸から吉田御園までの十二か所は、平安末期までに成立したものだが、角平御厨以下の二十五か所は、建久三年の注進状にはみえず、鎌倉期の間に設定された神宮領であることがわかる。このうち吉胡御厨・秦御園・河内御園・院内御園・根田・田原・新家・野依御厨・岩前御園・上谷御園・加治御園・浜田御園・大草御園・杉山御園・弥熊御園は渥美郡、角平御厨と蘇美御園は幡豆郡に設置されたもので、やはり渥美郡に集中的に神宮領が設定されたことがうかがえる。遠江の場合、本神戸から刑部御厨までの九か所と美園御厨・豊永御厨・大墓御厨・山口御厨が平安末期までに成立したもので、祝田御厨・池田御厨・大崎御園・小牧御厨・宇治の御厨・小松御厨・佐久目御園・方田御厨・土田御厨の十か所が鎌倉期に設置された神宮領になる。このうち大崎御園・宇治の御厨・佐久目御園は浜名郡（敷智郡の西部）、祝田御厨は引佐郡、池田御厨は豊田郡、小牧御厨は榛原郡にある。三河ほど顕著ではないが、遠江でも鎌倉期に神宮領が増加しており、浜名湖の西や北の地域に少なくとも四つの神領があらたに置かれたことは注目できる。浜名郡（敷智郡の西部）には本神戸（浜名神戸）・尾奈御厨・大崎御園・宇治の御厨・佐久目御園、引佐郡には都田御厨・刑部御厨・祝田御厨という形で神宮領が広がり、遠江の西端地域のかなりの部分に神領が存在する状況になったのである。

この時期の神宮領を地図におとすと図1のようになる。これを見ると三河東端部から遠江西端部にまたがる地域のほとんどが神宮領として押さえられたような印象をもつが、神宮が地域を強く把握していたというわけでは必ずしもなかった。新たに神宮領が設定される場合、神官たちが郷や村の人々と交渉して、年貢上分の一部を神宮に納めてもらう契約をして、〇〇御厨・〇〇御園という名前の神宮領が生まれるというケースがほとんどで、神宮の関係者が郷や村を支配しているわけではない。郷や村は北条氏やその関係者が地頭などの立場で支配しており、年貢の一部が神宮に上納されているだけだったのである。古くからの歴史をもつ神宮領の支配が困難に直面する中、なんとか収益を

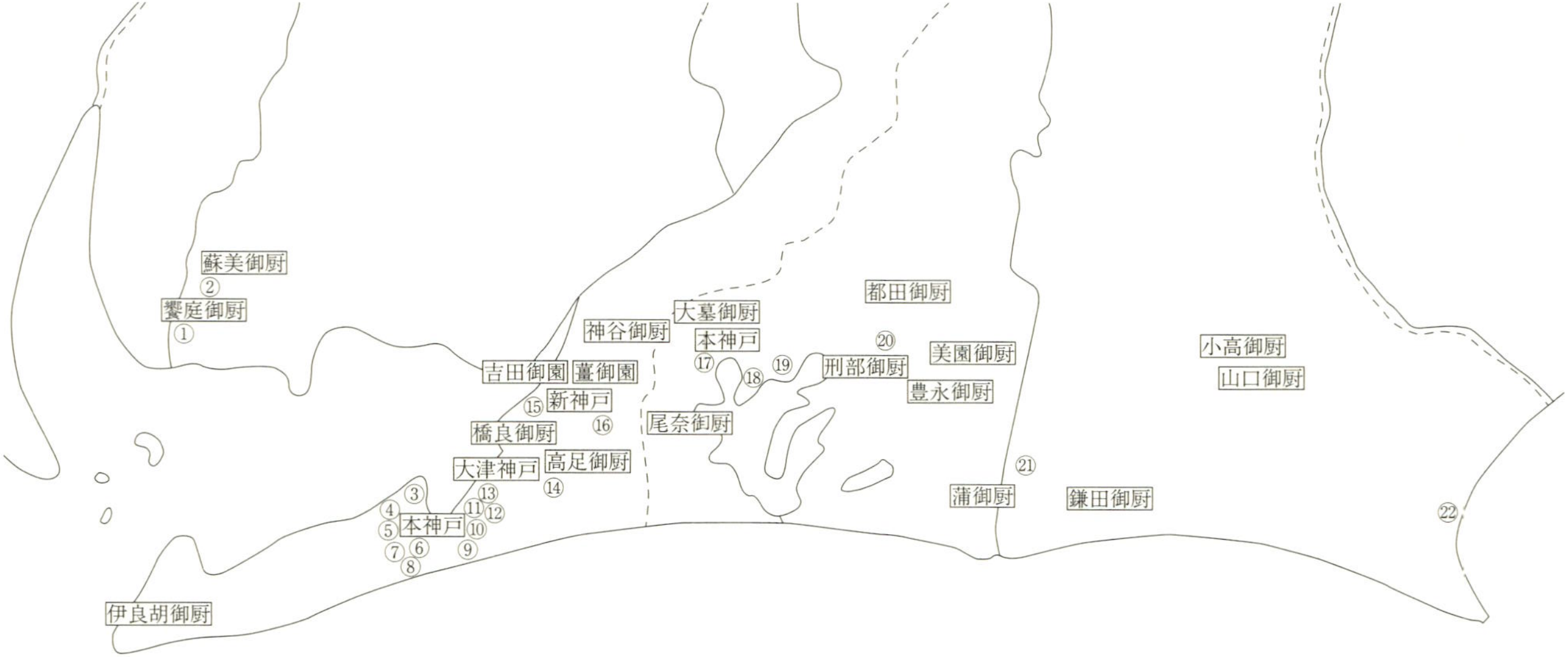

図 1　中世の神宮領

平安時代までに成立した神宮領は、地図上に名前を示した。
鎌倉時代に成立した神宮領は、地図に番号で場所を示し、名前は下の一覧に記した。

①大墓御園　②角平御厨　③吉胡御厨　④根田　⑤田原　⑥新家　⑦加治御園
⑧大草御園　⑨浜田御園　⑩院内御園　⑪弥熊御園　⑫上谷御園　⑬杉山御園
⑭野依御厨　⑮秦御園　⑯岩前御園　⑰宇治の御厨　⑱大崎御園　⑲佐久目御園
⑳祝田御厨　㉑池田御厨　㉒小牧御厨

増やそうと神官たちが努力して、多くの場所で上分収取のみの新たな御厨や御園の設定を進めたというのが実情のように思われる。現地を掌握せずに上分のみを取得する関係だったため、神宮領を長く維持する（上分の納入を続けさせる）ことは難しく、室町時代になると上分の減少傾向が続き、十五世の後半にはほとんどの神領から上分納入がなされなくなって、神宮の所領支配は終わりを告げるのである。

奈良時代に本神戸が置かれ、平安時代には新たな神戸と御厨・御園が広がる。鎌倉期になると神宮領の支配は困難に直面するが、一方で上分を徴収するのみの新たな御厨や御園が設定され、神領の数は増大する。しかし室町期になると上分徴収も困難になり、やがて神宮領の支配は終焉を迎える。神宮領の展開のありさまはこのようなものだが、三河と遠江で大きな違いがみられるわけではなく、いずれも同じようなペースで歩みを進めていた印象を受ける。神宮領の展開にあたって三河と遠江の国境はさしたる意味を持たず、三河東端と遠江西端をまたがる地域にめだって多い神領が設定され、段階的な歴史的展開を遂げることになったのである。

二、僧侶と職人の交流

浜松市三ケ日町福長にある大福寺は、古代以来の歴史をもつ真言宗の寺で、多くの古文書を所蔵していて、中世における寺の歴史や地域のようすを具体的に知ることができる。こうした文書の中に、鎌倉末期の応長元年（一三一一）に行われた御堂供養の内容を記したものがある。(13)

大福寺御堂供養目録事

応長元年〈大才辛亥〉十一月廿七日、試楽〈但昼試楽也、延年ハ会日也、若院ハ孫一丸也〉、

大曼陀羅供修之大阿闍梨、京都北坂之観勝寺別当浄円御坊〈実名良季〉、試楽同日、
讃衆者、鳳来寺住僧　因幡公　宰相公　円性房　美乃公　如心房　良意房　佐土公　我性房〈已上八人也、臈次
不次第書之〉
同廿八日、会日供養、御導師、同観勝寺別当如前、読師者、富賀寺道性房、
法用衆同讃衆是也、
先登高座、次唄、次散花、
次行道次第、（中略）
次四智讃、（中略）
次下高座、（中略）
次舞目録事、（中略）
次伶人名帳事、舞師〈三河国神谷上野公〉
土佐公〈琵琶、鳳来寺住〉勝道房〈琴、西善寺〉笙笛〈真福寺美作阿闍梨、御園式部公、摩訶耶寺兵部公、当
寺住堯観房〉篳笛〈中条越前公、摩訶耶寺了円房、大福寺浄日房〉笛〈今水寺能性房、大福寺民部公、同所堯
空・大輔公・円心房、摩訶耶寺顕日房、船方寺三河公〉鞨鼓〈大弐公〉太鼓〈上野公〉鉦鼓〈堯観房〉
舞装束ハ富賀寺借用也、両高座天蓋等ハ摩訶耶寺也、
応長元年〈辛亥〉十一月廿九日　　年行事〈行念房・大輔公〉
衆徒等注之、

大福寺の御堂が造営されたことを記念する儀式のようすと、参加者の顔ぶれを詳しく記したもので、三河の僧侶た

ちも儀式に深くかかわっていたことがわかる。十一月二十七日に試楽と大曼荼羅供修がなされ、翌二十八日に会日供養の儀があり、舞楽も披露された。大曼荼羅供修と会日供養の導師をつとめたのは京都北坂にある観勝寺の別当の良季（浄円房）で、わざわざ京都から名僧を招いていたことがわかる。大曼荼羅供修の際に讃衆となったのは、三河の鳳来寺の八人の「住僧」たちで、会日供養では三河の富賀寺の道性房が読師をつとめ、舞楽に加わった「伶人」たちは遠江や三河の僧侶たちで構成されていた。舞楽におけるそれぞれの僧侶と役割（担当した楽器など）を列記すると以下のようになる。

大福寺の堯観房（笙笛・鉦鼓）・浄日房（篳笛）・民部公（笛）・堯空（笛）・大輔公（笛）・円心房（笛）
摩訶耶寺の兵部公（笙笛）・了円房（篳笛）
鳳来寺の土佐公（琵琶）
今水寺の能性房（笛）
船方寺の三河公（笛）
真福寺の美作阿闍梨（笙笛）
西善寺の勝道房（琴）
御園の式部公（笙笛）
三河国神谷の上野公（舞・太鼓）
中条の越前公（篳笛）

大福寺と摩訶耶寺は遠江の浜名郡にあり、大福寺の近くにある摩訶耶寺の僧侶が儀式に参加するのは当然ともいえるが、鳳来寺・今水寺・船方寺・真福寺といった三河の寺の僧侶がこぞって舞楽の一員に加わっていることが特に注目できる。鳳来寺は設楽郡の山中（鳳来寺山）にある大きな寺院で、今水寺は八名郡にあった寺院である（現在の新城市八名井）。また船方寺は渥美郡の東端にある普門寺（豊橋市雲谷）の前身の「船形寺」にあたり、真福寺は額田郡の真福寺（岡崎市真福寺町）のことと考えられる。また会日供養の読師として僧侶が加わり、儀式の際の舞装束を大福寺に貸している富賀寺は八名郡にあり、大福寺の北の峠を越えた場所に所在している（新城市中宇利）。このほか「三河国神谷の上野公」が舞師をつとめているが、この「神谷」は八名郡の神谷御厨（豊橋市石巻本町付近）と考えられ、「中条の越前公」は三河国宝飯郡中条郷（豊川市中条町）の人と推定される。

こうした寺院や地名を地図におとすと図2のようになるが、大福寺の御堂供養にあたって三河から多くの人が儀式に参加していることがよくわかる。三河と遠江の山麓一帯にひろがる密教系の寺院と、そこに住む僧侶たちは、互いに密接な関係を保ち、国境を超えた活動を展開していたのである。

図2　大福寺の御堂供養にかかわった寺院

大福寺には鎌倉後期から室町期にかけての三月会と五月会の頭役などを列記した「瑠璃山年録残編」[14]という記録があるが、この中に三河の富賀寺の僧侶がいくらか登場する。まずこの記録の裏書に、応永十三年（一四〇六）三月に庭儀灌頂があり、阿闍梨が「富賀寺池坊」であったと記されている。また応永二十四年（一四一七）に御影堂の天井が造営されて、供養の儀式がなされた時、富賀寺の実誉が大阿闍梨を勤めて、布施として一貫二百五十文を受け、「御同宿」二人にも三百文が施されたことがみえる。大福寺の近くにある富賀寺の僧侶は、こうした儀式の導師をつとめる形で、大福寺と深くつながっていたのである。

大福寺に遺された多くの古文書から、僧侶たちの交流をうかがうことができるが、寺院の造営や仏像の制作にかかわって、三河の職人たちが大福寺に関わっていたことも、史料から知ることができる。鎌倉後期の正応元年（一二八八）三月、大福寺の本堂が焼失し、早速造営事業が始められて、十月には本堂の柱立がなされたが、この儀式に「大工三河国神谷藤大夫入道、小工子息藤右馬允兄弟三人、其已下数人」が加わったことが記録にみえる。[15]本堂の造営にあたって指揮官にあたる「大工」を勤めたのは、三河の神谷の藤大夫入道で、子息の三人が「小工」として補佐していたのである。正応六年（一二九三）には十二神将の像が制作されたが、これに関わった仏師は「三河国豊前公」で、四月から十二月まで二百七十日をかけて仏像を完成させている。[16]正和三年（一三一四）には仁王像が作られたが、この時も「三河国豊前公」が仏師として制作にあたった。[17]

先にみた「瑠璃山年録残編」にも三河の職人にかかわる記事がいくらかみえる。室町期の応永二十一年（一四一四）、大福寺の御影堂の上葺がなされたが、「大工」は「三川中条」の右衛門太郎だったと記されている。三河宝飯郡中条郷の大工が大福寺の造営にあたっていたのである。また応永二十七年（一四二〇）には「三川佃田郷」の内次が十二灯台の制作にあたっている。この「三河佃田郷」がどこかは確言できないが、設楽郡の作手（つくで）郷（新城市作手）ではないかと思われる。なお、応永二十四年に「船形大全」が経堂と塔の彩色にかかわり、三十番神も寄進したことが「瑠璃山年録残編」にみえるが、「船形大全」は三河の船形寺にいた人とみてよかろう。彼は職人として彩色に関わったかどうかわからないが、三河の人と大福寺のつながりを語る一事例といえる。

ここまで遠江の大福寺と三河の人々の交流についてみてきたが、このほかの事例もいくらかみえる。遠江国新居（湖西市新居町）の応賀寺にある毘沙門天像の胎内には、文永七年（一二七〇）の願文が収められているが、この願文に三河国の人が登場するのである。[18]「遠江国淵郡黍庄笠子郷橋本之宿」の「長者妙相」が、河内国まで旅をして、上宮太子の御廟に詣でて願を発したが、その後何度か霊夢を見る。二度目の夢では「婆祖仙人」が現れ、「三州額田郡真福寺の寂雲法橋のもとに行くように」と指示し、四度目の夢では毘沙門天像を作った仏師が菓子を持って来て、「これは神谷殿から給わったものだ。汝に与えよう」と言ったという。額田郡の真福寺は大福寺の法会にも登場した寺院で、「神谷殿」は三河国八名郡神谷御厨の有力者とみてよかろう。あくまで夢の中の話だが、遠江橋本の長者が日常的に三河の人々と交流していた様子をうかがえる。

静岡県春野町の大智寺（春野町大時）には貞治元年（一三六二）から三年にかけて書写された大般若経（大般若波羅蜜多経）が所蔵されている。[19]それぞれの巻の冒頭に「遠州刑部御厨内光永禅寺之公用」と記されているので、引佐郡の刑部御厨にあった光永寺に収められていたものと思われる。各巻の奥書によって、遠江西部の多くの寺院の僧侶たちが分担しながら書写にあたっていることが知られるが、その中に三河の鳳来寺で書写されたものが一点存在する。巻二百三十一がこれにあたり、「于時貞治弐年癸卯二月十五日、於三州鳳山証誠坊書写之訖、右筆金剛仏資快円、年齢六十三、老筆有恥々々」と奥書にみえる。「三州鳳山」は鳳来寺のことで、鳳来寺証誠坊にいた六十三歳の僧侶が遠江の寺のために大般若経一巻の筆写を担当したことがわかるのである。

三、東海道の風景

古代の律令国家は日本列島を畿内と七つの「道」に区分し、畿内より東は東海道・東山道・北陸道の三道からなっていた。このうち太平洋に沿う地域は東海道に属し、やはり「東海道」と呼ばれる道路が通り、朝廷の命令などを地方に伝達する体制が整備されていた。三河と遠江はこの東海道に属し、畿内と東国をむすぶ道である「東海道」が通っていたのである。

幹線道路の要所には「駅」が置かれ、「駅馬」とよばれる馬が用意されていた。平安前期に成立した『延喜式』によれば、三河で駅馬が置かれたのは鳥捕・山綱・渡津で、遠江では猪鼻・栗原・引摩・横尾・初倉に駅馬がいた。[20]三河国の渡津駅は宝飯郡にあり、現在の豊川市小坂井町のあたりに比定される。また遠江の猪鼻駅は現在の湖西市白須賀、栗原駅は浜松市中区の伊場遺跡近辺と推定される。当時の浜名湖は太平洋とつながっていなかったので、浜名湖の南を通る形で東海道が貫通していたのである。

古代から中世にかけての東海道のありさまは、ここを旅した人が書き遺した紀行文からうかがうことができる。いちばん古いものは平安中期の康平二年（一〇五九）頃に成立した『更級日記』で、菅原孝標の娘が父の任国である上総から京へ戻った時のことを回想して書いた紀行文である。[21]孝標の一行が旅をしたのは寛仁四年（一〇二〇）のことで、天竜川を渡ったあと、浜名湖の入江を船で渡り、西に進んだが、「それよりかみは、ゐのはなといふ坂の、えもいはずわびしきを上りぬれば、三河の国のたかしの浜といふ」と、旅のようすを回想している。この「ゐのはなの坂」は『延喜式』にみえる猪鼻駅の近くにある坂で、現在の湖西市白須賀のあたりの坂と考えられる。この坂を上ると「三河国のたかしの浜」があったというが、「たかしの浜」は南の海岸にあたるので、「坂を上ったら、たかしの浜が見えた」ということではないかと思われる。

鎌倉前期の紀行文である『海道記』にも、この地域の道のようすが描かれている。[22] 貞応二年（一二二三）に東海道を旅した、ある人物が書き遺した紀行文だが、彼は尾張から三河に進んで、四月九日の夜に豊河宿に泊まり、翌朝ここを立ってしばらく歩き、高志山を越えて遠江に入っている。

やがて、高志山にかかりぬ、石角を踏みて、火敲坂を打ち過ぐれば、焼野が原に草の葉萌え出でて、梢の色、煙をあぐ、この林池を遥かに行けば、山中に堺川あり、是より、遠江国に移りぬ、

　くだるさへ高しといへばいかがせんのぼらん旅の東路の山

この山の腰を南に下りて、遥かに見くだせば、青海浪々として、白雲沈々たり、海上の眺望は此処に勝れたり、漸くに山脚に下れば、匿空の如くに掘り入りたる谷に道あり、身をそばめ、声を合せて下る、下りはつれば、北は、韓康独往の栖、花の色、夏の望に貧しく、南は、范蠡扁舟の泊、浪の声、夕の聞に楽しむ、塩屋には、薄き煙靡然となびきて、中天の雲片々たり、浜畷には、捜む潮涓焉とたまりて、数条の畝絨々たり、浪による海松布は、心なけれども、黒白を弁へ、白洲に立てる鷺は、心あれども、毛砂にまどへり、優興にとどめられて暫く立てれば、この浦の景趣は、窺に行人の心をかどふ、

　行き過ぐる袖も塩屋の夕煙たつとも海士のさびしとやみぬ

豊河宿を発ってしばらく進むと「高志山」にかかり、「火敲坂」を過ぎて行くと、山の中に「堺川」があった（ここから遠江国）。このあと山を南に下ると、眺望のいいところで海が見えた。それから谷あいの道を身をそばめながら下り、海に面する浦に着いた。この旅人は三河から遠江に入る坂道のようすを克明に描き、坂を下り切ったところに

あった浦浜のありさま（浦の風景や塩屋のことなど）も情趣を込めて書き遺している。

ここにみえる「高志山」は現在の豊橋市街の南に広がる丘陵地帯の総称のようである。「ここを歩いて火敲坂を過ぎた」と書かれているが、豊橋市大岩町の岩屋観音の南に「火打坂」という地名があるので、『海道記』の作者は大岩や二川のあたりを東に進んで、堺川を越えて遠江国に入ったあと、南に方向を転じて坂を下り、海岸にたどり着いたのだろう。『更級日記』の作者が通った「ゐのはなの坂」と、この坂道はほぼ同じとみてよかろう。

仁治三年（一二四二）にもある旅人が東海道を通り、『東関紀行』という紀行文を遺している。[23] 三河の豊河宿を通過したあと、『海道記』の作者と同じルートで遠江に入り、橋本宿に到着しているが、高志山（高師山）や堺川（境川）のようすを次のように書き留めている。

参川・遠江のさかひに高師山と聞ゆるあり、山

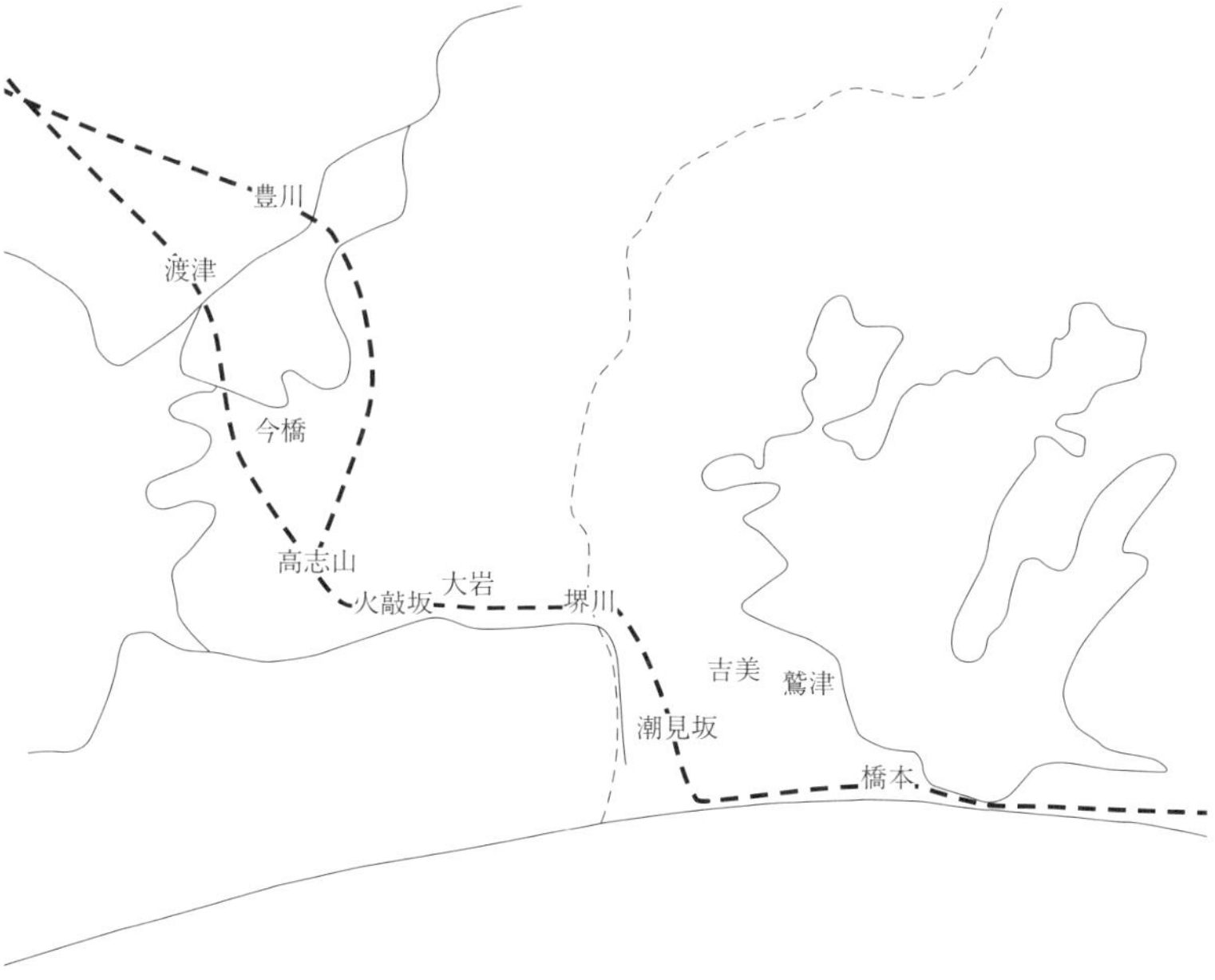

図３　中世の東海道

太い破線はおおよその道筋を示したものである。

中に越えかかるほど、谷川の流れ落ちて、岩瀬の波ことごとしく聞ゆ、境川とぞいふなる、

岩づたひ駒うちわたす谷川の音もたかしの山に来にけり

建治元年（一二七五）には飛鳥井雅有という公家が京都から鎌倉に赴く途中で三河や遠江を通り、そのときの記憶を『みやこぢのわかれ』に書き遺している。(24)

たかし山をこゆれば、いまだ浦とをきに、波の音、風にたぐひてきこゆ、

沖津浪たかしの山のやま松にひびきかよはす秋のしほ風

しほみさかおりて、あまりくるしければ、あまのつり舟にのりて、人をばさきたてて、管絃するものばかりのりぐして、宿に入ほと、海青楽ふきあはせたり、

湊より入海遠くさすしほに棹をまかせてのぼるあま舟

「たかし山」を越えて行くと、まだ浦は遠いのに、波の音が聞こえてきた。「しほみさか」を下ったあと、あまりに苦しいので、「あまのつり舟」に乗って海路を進んだ。旅路の記憶を率直に書き留めていて、東海道の旅のようすがよくわかる。「潮見坂」は江戸時代の白須賀宿の東にあった坂で、その名前がはじめて見えるのがこの史料である。確証はないが、かつての「ゐのはなの坂」と「しほみ坂」は同じ坂で、この時代から潮見坂と呼ばれるようになったものと思われる。「坂を下ったあと、あまりに苦しいので舟に乗った」と飛鳥井雅有は記しているが、『海道記』も描くように谷あいの急な坂道で、旅人は苦労しながら進んだものと思われる。

この四年後の弘安二年（一二七九）には、歌人として知られる尼阿仏（阿仏尼）が京都から鎌倉に赴き、『十六夜日記』という紀行文を遺しているが、(25)三河から遠江に至る旅のようすも描かれている。阿仏は三河の渡津に泊まり、翌日の暁に宿を出て東に進んで高志山を越え、ここで海を見ている。

高師の山も越えつ、海見ゆる程、いと面白し、浦風荒れて、松の響すごく、浪いと高し、
　我ためや浪も高師の浜ならん袖の湊の浪は休まで
いと白き洲崎に黒き鳥の群れゐたるは、鵜といふ鳥なりけり、
　白浜に墨の色なる嶋つ鳥筆の及ばば絵に描きてまし

『海道記』にもみえるが、高志山を越えると海の見えるところがあったのである。いい風景だったが、風が強く吹いて、松の木がなびく音がものすごく、波も高かったと阿仏は記憶を書き留めている。そのあとは洲崎の記事になるが、これは坂を下ったあとの浦の風景だろう。

鎌倉に武家政権（鎌倉幕府）が成立したこともあって、京都と鎌倉の間の交通が盛んになり、この時代には内容豊かな紀行文が多く遺されることになった。旅の描写はそれぞれ個性があるが、通っている道はほとんど同じで、高志山を越えて堺川を過ぎ、坂（猪鼻坂・潮見坂）を下って浦に至るというルートだった。谷あいの坂道は狭くて歩きにくかったが、ここが主要な幹線道路で、ほとんどの旅人はこの道を通っていたものと思われる。

室町期に入っても東海道の道筋は変わらなかったようで、永享四年（一四三二）に将軍足利義教が富士遊覧を目的として東国に下ったときも、一行はこの道を通っている。このとき義教に随行した歌人の尭孝が書き遺した『覧富士記』に、三河から遠江に至る旅のありさまが詳しく記されている[26]。

十五日、大いは山とかやのふもとを過侍るに、ふりたる寺みえ侍り、本尊は普門示現の大士にておはしますよし申侍しかば、しばし法施などたてまつりし次、
　君が代は数もしられぬさざれ石のみる大岩の山となるまで
今日なむ遠江国塩見坂に至りおはします、彼景趣、なをざりにつづけやらむことのはもなし、まことに直下とみ

おろせばと、いひふるしたるおもかげうかびて、雲のなみ煙の浪そこはかとなき海のほとり、松ばらはるばるとつづきたるすさき、かずもしられずこぎつらねたる小舟、いとみどころおほかり、雲水茫々たるをちかたに、富士のねまがひなくあらはれ侍り、これにて御筆をそめられ侍し御詠二首、

　今ぞはやねがひみちぬる塩見坂こころひかれしふじをながめて

　立かへりいく年なみか忍ばましほみ坂にてふじをみし世を

かたじけなく御和を奉るべきよし仰ごと侍しかば、

　ことのはもげにぞおよばぬしほみざかききしにこゆるふじのたかねは

　君ぞなをよろづ代とをくおぼゆべき富士のよそめのけふの面影

将軍の一行は三河の今橋（現在の豊橋市役所近辺）に泊まったのち、ここを出発して東に進んだが、「大いは山」（大岩山）の麓を過ぎたところで古びた寺をみつける（岩屋観音のことか）。そのあと遠江国に入って「塩見坂」（潮見坂）を下り、海岸のようすを一望している。ここで遠くに富士の嶺を見つけて将軍が和歌を二首詠み、堯孝もこれに和して二首を献じた。

古代から室町時代に至るまで、三河と遠江の境の東海道の道筋はほぼ決まっていて、大きな変化はなかった模様である。ところが室町後期から戦国時代になると状況が変わり、潮見坂を下らずに東に直行し、鷲津に至る道を通る人が多くなったようである。明応八年（一四九九）に旅をした飛鳥井雅康は、三河の今橋を出発して、遠江の鷲津（湖西市鷲津）に着き、本興寺で一宿している[27]。大永四年（一五二四）には連歌師宗長が三河の今橋を出て遠江の吉美（湖西市吉美）に到っている[28]。このように吉美や鷲津に泊まる旅人が史料にみえるようになるのである。こうした変化が起きた理由は確言できないが、明応七年（一四九八）に起きた地震と津波によって海辺の地域が大きな損害を被ったこ

とが影響しているものと思われる。この時の津波で潮見坂の下の浦や橋本宿が壊滅状態になり、東海道が通行できなくなったのではないだろうか。そしてその結果、現在の東海道本線にほぼ沿ったところの道が整備され、交通は新たな展開をみせることになったと考えられるのである。

おわりに

神宮領の展開、僧侶と職人の交流、東海道の風景。限られた三つのことに注目しながら、中世の三河・遠江国境地域の様子の一端に光を当ててみた。現在でも実感できるこの地域の一体性は古くからあり、むしろ古代や中世のほうが、「三河国」「遠江国」といった国の意識にこだわらずに人々は交流していたような印象もうける。ただその一方で、やはり国境が意味をもつ場面もあっただろうから、古い時代における国境の位置づけを考えてみる必要もあろう。また室町期に続く戦国時代には多くの史料もあり、具体的な指摘も可能になると思われるので、この時代の研究についても今後を期すことにしたい。

〔注〕

1 「和名類聚抄」巻五（国郡部）・巻六（郷里部）（『愛知県史』資料編6〈古代1〉九〇六〜九〇九号、『静岡県史』資料編4〈古代〉九一五・九一七・九一八号）。

2 「新抄格勅符抄」巻十（神封部）（『愛知県史』資料編6〈古代1〉四四七号、『静岡県史』資料編4〈古代〉四三三号）。

「神宮雑例集」巻一（『愛知県史』九四一号、『静岡県史』四三四号）。

3 「扶桑略記」天慶三年八月二十七日条（『愛知県史』資料編6〈古代1〉九三九号）。「神宮雑例集」巻一（『愛知県史』資料編6〈古代1〉九四〇・九四一号、『静岡県史』資料編4〈古代〉四三四号）。

4 「神宮雑書」伊勢神宮神領注文写（『愛知県史』資料編8〈中世1〉六四号、『静岡県史』資料編5〈中世一〉三七〇号）。

5 「長秋記」長承三年六月二十四条・「中右記」長承三年六月二十四日・保延元年五月二十三日条（『愛知県史』資料編7〈古代2〉八二〇・八二一・八二六号）。

6 「師記」承暦四年五月八日条（『静岡県史』資料編4〈古代〉一四二八号）。

7 「兵範記紙背文書」大中臣公宣申状（『静岡県史』資料編4〈古代〉一八三九号）。

8 「吾妻鏡」寿永三年三月十四日条（『静岡県史』資料編5〈中世一〉一三四号）。

9 「吾妻鏡」建久十年三月二十三日・正治元年五月十六日条（『愛知県史』資料編8〈中世1〉九四・九五号）。

10 「勘仲記紙背文書」浜名神戸司大江助長申状（『静岡県史』資料編5〈中世一〉一四一九号）。

11 「氏経卿引付」伊勢内宮神主連署注進状写（『愛知県史』資料編8〈中世1〉七八三号）。

12 「神鳳鈔」（御巫本）（『愛知県史』資料編8〈中世1〉一五〇八号、『静岡県史』資料編4〈古代〉四三七号）。

13 「大福寺文書」大福寺御堂供養記（『静岡県史』資料編5〈中世一〉一六三五号）。

14 「大福寺文書」瑠璃山年録残編（『静岡県史』資料編5〈中世一〉一六二一号、『愛知県史』資料編9〈中世2〉八七三号）。

15 「大福寺文書」大福寺諸堂造建記（『静岡県史』資料編5〈中世一〉一四三六号）。

16 「大福寺文書」大福寺諸堂造建記（『静岡県史』資料編5〈中世一〉一四七五号）。

17 「大福寺文書」大福寺諸堂造建記（『静岡県史』資料編5〈中世一〉一六五五号）。

18 「応賀寺文書」毗沙門天胎内願文（『静岡県史』資料編5〈中世一〉一一八七号）。

19 「大般若波羅蜜多経奥書」（大智寺所蔵）（『静岡県史』資料編6〈中世二〉六六四号）。

20 「延喜式」巻二十八（駅伝条）（『愛知県史』資料編6〈古代1〉八七九号、『静岡県史』資料編4〈古代〉八九四号）。

21 「更級日記」（『愛知県史』資料編7〈古代2〉一四八号、『静岡県史』資料編4〈古代〉一一七八～八〇頁）。

22　「海道記」（新編日本古典文学全集48『中世日記紀行集』〈小学館〉三三一〜三四頁、『愛知県史』資料編8〈中世1〉二〇四号、『静岡県史』資料編5〈中世一〉六七五号）。
23　「東関紀行」（『愛知県史』資料編8〈中世1〉二八七号、『静岡県史』資料編5〈中世一〉八九七号）。
24　「みやこぢのわかれ」（『静岡県史』資料編5〈中世一〉一二三二号）。
25　「十六夜日記」（『愛知県史』資料編8〈中世1〉四五九号、『静岡県史』資料編5〈中世一〉一二六三号）。
26　「覧富士記」（『愛知県史』資料編9〈中世2〉一四一九号、『静岡県史』資料編6〈中世二〉一七七一号）。
27　「富士歴覧記」（『愛知県史』資料編10〈中世3〉五八一号、『静岡県史』資料編7〈中世三〉二六八号）。
28　「宗長手記」（『愛知県史』資料編10〈中世3〉九八九号、『静岡県史』資料編7〈中世三〉八三六号）。

旅日記からみる江戸時代の関所破りの実態

渡辺　和敏

はじめに

一般に、江戸時代の交通は水陸共に、それ以前の時代に比して飛躍的に発展したと言われている。特に陸上交通に関しては、五街道をはじめとする主要交通路に宿場が設定され、大名の参勤交代やその他の公用交通の便に供した。それに付随して庶民の旅も発達して多くの人が行き交い、情報も伝播するようになった。

しかし一方で幕府は要路に関所を設け、それらの関所の周辺にも裏関所を配備するなど、関所破りを防止するための諸政策を策定した。そのため関所は交通・運輸のさらなる発展や旅を一定程度阻害する要因ともなり、関所所在地やその近辺の人々の生活にも影響したと考えられる。

例えば東海道のほぼ中間地にある浜名湖南側の今切渡船場に設置された今切（新居）関所（以下、新居関所と記す）の所在地である新居宿の人々の生活について、その一端を示す奉公先と通婚圏を紹介すると、同宿の人々が宿外へ奉公に出た事例では、その奉公先の八割強が江戸であったので、この面では関所の存在が奉公先を規制したとは考えられない。それに対し、一〇二件を抽出してみた縁組先をみると、関所を隔てた縁組は僅かに二組のみで、しかもその内の一組は男性の入婿養子であるので、実家（新居宿）への里帰りに関所手形が必要になる縁組は一件のみであった。(1)

すなわち通婚圏を見る限りでは、関所はまさに越境を形成していたと言える。

以下、本稿では江戸時代の関所に対し、一般庶民が従順に規則を遵守して関所抜けを行っていなかったのか否かについて検討を行うものである。厳しい通行規定のある関所に対し、多くの人々がその規定を遵守していたとすれば関所は越境を形成する存在であったことを意味し、関所抜けが目立つようであれば交通の障害としての意味が薄かったことになると考えるからである。

一、越境を形成した関所

一般に、江戸時代の関所は「入り鉄砲に出女」を取り締ったと言われている。しかし全ての関所が同一基準で取調べを行っていたわけではなく、年代によっても微妙に変化した。そのなかで程度の差はあるものの、女性の通行には厳しい姿勢で臨んでいたという点については、各関所・時期を問わず共通していた。女性が旅をする際には、それぞれの関所の特質を知った上で対応しないと、通行そのものが許可されないことになるのであった。

関東地方では江戸を囲むように、西部・北部の山岳地帯と東部の利根川・常陸川・江戸川筋に関所が配備された。なかでも東部の河川渡船場に設置された関所は、やがて江戸時代を通じて南関東と北関東、あるいは江戸近郊とそれ以外というように、経済的・社会的な諸側面を規定し、関東地方を実質的に二分する要因として作用するようになっていた(2)。西部・北部の関所は、言うまでもなく関東と東海・信越地域との境界であった。関東地方の関所は、まさに越境を形成していたと言える。

東海道の箱根関所は、元和五年（一六一九）から常設され、小田原藩主が管理を委任されていた。江戸時代中期の事例では、関所役人は番頭を筆頭に二〇名であったが、実際の管理は藩主の転封に関係なく世襲した三名の定番が当たっていた。関所改めの対象は、主に「出女」であった。「出女」に関連して西方へ向かう禅尼・尼・比丘尼・髪切・小女・盲女等も検閲対象であり、手負・囚人・首・死骸・乱心者等については男女ともに改めた。これらの人々が江戸より出発して西方に向かう場合には、幕府の留守居が発行する関所手形（女手形）が必要であった。関所手形の有効期限は発行日の翌月晦日までであり、この面でも女性の旅立ちを規制した。

一般男性が西方に向かう場合は、制度的には関所手形を必要としなかった。しかし通過する際に関所役人から厳しく取り調べられることもあるので、居住地の名主や旦那寺、時に関所近くの旅籠屋などで関所手形を書いてもらったり、自分で書いたりすることもあった。西方から江戸へ向かう場合、箱根関所では男女ともに関所通過時に名前や旅の目的を関所役人へ告げる程度で通過することができた。

旅人の多くは、箱根関所を超えると山祝いと称し、茶屋などで酒を酌み交わして喜んだ。関所破りは親殺し・主殺しに次ぐ重罪であるので、一般の人でも関所の無事通過は嬉しかったのである。

浜名湖口の今切近くに位置する新居には、慶長五年（一六〇〇）の関ヶ原の役直後に関所が設置された。新居関所の裏関所として、浜名湖北岸を通る本坂通（姫街道）に気賀関所がおかれ、さらに気賀の東方から三河国の鳳来寺方面へ通ずる脇道沿いの金指村にも裏関所（番所）がおかれた。

当初、幕府は新居関所奉行として一千～四千石程度の旗本を派遣し、その配下に与力一五騎・同心五〇人前後を従属させた。元禄十四年（一七〇一）閏八月、幕府は関所奉行制を廃止してその管理を三河国吉田藩主に委ね、同時に関所守衛の便のため新居宿とその周辺を吉田藩領に編入した。吉田藩では、関所運営のために者（物）頭二名を筆頭に数十名の関所役人を配備した。者頭のうちの一名は関所奉行制以来の役人で、藩主の転封に関係なく以降も「貫請け役人」として代々世襲した。

新居関所での、「出女」とそれに付随する人々についての対処の仕方は箱根関所と同様で、「入り鉄砲」については老中が発行する鉄砲手形がなければ通過できなかった。さらに「入り鉄砲に出女」だけではなく、江戸方面へ向かう女性（入女）も厳しく検閲し、所定の女手形が必要であった。「入女」の女手形の発行者や書式が複雑で、そのために新居関所までたどり着きながら、女手形の書き直しを指示される女性も多かった。

その複雑さの一端を示せば、次のようである。例えば、東三河に住む女性が江戸方面へ向かう場合（入女）、新居関所を通過するための女手形の発行者は元禄四年（一六九一）までは吉田藩主であったが、同年に西尾藩主に代わり、それが正徳三年（一七一三）に刈谷藩主に代わった。さらに寛延三年（一七五〇）からは岡崎藩主が東三河を出発する女性の女手形の発行者となり、慶応三年（一八六七）には田原藩主に変更された。東三河に住む女性が東方へ出向くのに、わざわざ西三河や渥美半島まで女手形発行の申請に行くだけでも面倒であるが、その上に発行者もしばしば変更したのである。

天和元年（一六八一）に讃岐国丸亀（香川県丸亀市）から江戸へ向かった井上通女は、当時十六歳であった。西国方面の女性の女手形発行者である京都所司代が当時は留守であったため、その代行役として大坂町奉行から女手形を発行してもらった。ここまでの手続きは間違っていないのであるが、大坂町奉行が発行したその女手形の文言に通女を「女」として書いてあったために、新居関所から書き直しを命ぜられてしまった。通女は未婚であるから「小女」と書くべきである、と指摘されたのである。通女は使者を大坂へ派遣し、書き直された女手形が届くまで新居宿で待機せざるを得なかったのである。(3)

関所手形（女手形）に、その目的地を「迄」と書いてあり、しかもその帰路が翌月の晦日までであれば再通行が許された。しかしその行く先を「江」と書いてあれば、帰路に改めて関所手形（女手形）を入手しなければならないという規定もあった。「迄」と「江」の一字違いで、再通行の可否が決定されたのである。

二、抜参りと関所

江戸時代の関所は、庶民、特に庶民女性の通行に対して表面的には厳しく対応していたのであるが、場合によっては寛大な措置を採ることもあった。それは、諸国巡礼者・抜参り・おかげ参りの人々のような宗教的な行為を帯びている女性通行人への対応に顕著であった。

抜参りとは、親・主人などの許可を得ないで、しかも身分証明書を兼ねた旅行許可書である往来手形も持たない旅人のことである。必ずしも社寺参詣が最大の目的でない者もいたが、旅先にはどこでも社寺ぐらいはあったから、これらの不正常な旅人を一括して抜参りと呼んでいた。おかげ参りは抜参りの大規模なもので、その参加者には子供や女性も含まれており、一般には大体六〇年周期で流行する伊勢神宮への集団参詣を指すが、神宮以外の神社への地域的なおかげ参りもあった。このおかげ参りや抜参りへの関所の対応の仕方の一端をみておこう。

慶安四年（一六五一）三月二十八日・二十九日、箱根関所へは江戸とその周辺から伊勢神宮へ向かう一万二千五〇〇人もの女子供等が押し寄せ、そのなかに女手形を所持しない女性一八人がいたので追い戻したという関所側の記録がある。[4] この時期、箱根関所ではおかげ参りに対し、まだ通常の検閲体制で臨んでいたのである。もっともこれだけ多数の参宮人のなかで、女手形を所持しない女性が一八人だけであったとは考えられないから、これ以外の多くの女性に関しては関所が見て見ぬ振りをして通行を黙認したのであろう。

天明七年（一七八七）三月下旬に備中国岡山（岡山県岡山市）を発って江戸へ下向した古川古松軒は、その紀行文『東行雑記』の四月十九日条で、新居関所での巡礼や抜参りの女性への対処法について、次のように記述している。(5)

　荒井は東都下向の人御改メの御関所にて、往来を改ること也。しかし能々聞しに切手なき人ニても、西国順礼、ぬけ参宮、非人乞食のるひは何のさ（障）、わりもなく通行する事也、予は弥太郎はからいにて、御関所へ訴へずして直に船に乗りし事也（後略）

この記述は古川古松軒が、東海道新居宿の岡山藩御用宿であった旅籠の高須屋の主人弥太郎から聞いた話を記録したものである。新居宿の東端に設置された新居関所では、西国巡礼や抜参り、非人乞食とされた人々に対しては、関所手形を所持していなくても通行を許可しているというのである。この時には、古川古松軒自身も関所の検閲を受けなかったとあるが、これは新居関所役人に対して高須屋から紹介があったからであろう。

新居関所が何時頃から抜参りの通行を黙認し始めたのかはわからないが、右の記述内容から推測して、少なくとも十六年前の明和八年（一七七一）のおかげ参りの時にはすでに黙認していたと考えられる。抜参りやおかげ参りのような不正常な行動が、不正常ではなく当然な行動として社会的に認知されるようになり、関所でもその通行に寛容な方針で対応するようになったのであろう。

もっとも関所がおかげ参りに対し、全く無関心であったわけではない。文政十三年（一八三〇）六月、新居関所では、おかげ参りの人々が多くなりそうな気配を察して新居宿の宿役人に対し、関所の大法は予て知っているであろうが、もしも心得違いがあったら済まないことであると通達した。(6)関所としては、おかげ参りの人々については内密に通行を認めるが、その威厳を保つために、関所所在地の住民にだけは関所破りに加担させない方針であったのである。

新居関所のこうした姿勢を比較的熟知していた遠江国内の人々の多くは、日常的な抜参りや、数十年周期で流行するおかげ参りに際しては、今切関所を避けて本坂通（姫街道）やその脇道を利用し、関所の体面を大きく疵付けないように努めていた。しかし文政十三年八月十二日、新居関所から約一〇里離れた遠江国山名郡高部村（現袋井市）の男女二九名が、おかげ参りに出掛けるために本坂通を利用し、気賀関所を避けるために神宮寺村（現浜松市）から横越したことが発覚して「村預け」となる事件があった。たといおかげ参りであっても、このように事件として表面化してしまえば、関所としてその威厳を保つために何らかの対処をしなければならない。その際の気賀関所の見解は、以前に周辺村々の村役人に対して関所破りの防止に協力するように廻状を出しておいたのに、村々では大勢の婦人が通ってもその場に居合わせなかったとか、知らなかったと言って関所へ届けていないという理由で、村役人に対し「しかり」を申し付けるというものであった(7)。

おかげ参りの期間中、気賀関所では実質的に「出女」の検閲をほとんど行っていなかったのである。結局、高部村の二九名は、同村の村役人が気賀関所へ一札を書いて提出し、赦免された。関所破りは親殺し・主殺しに次ぐ重罪という建前論とは随分かけ離れた、極めて甘い処分である。

このように十八世紀後半以降の関所では、抜参りに対しては日常的に寛容な方針で対処していたことは間違いない。そしてその大規模な形態のおかげ参りに対しても、寛容な方針が基本的に適用され、おかげ参り流行の期間中はほとんど関所の機能を果たし得ていなかったとみてよい。関所手形や往来手形を携帯する正規の旅人には厳しい対応で臨み、手形を持たない抜参りには寛容であるという本末転倒の処し方は、より一層の抜参りの横行を生むことになる。かくて抜参り・おかげ参りの当事者からみれば、関所は越境的な存在ではなくなっていたのである。

古川古松軒は東海道新居関所での通行人検閲の実態について、地元の旅籠屋の主人から聞いた話を記録していた。さらに江戸から奥羽・蝦夷地方面へ旅立った際にも、日光道中の房川渡中田関所について「二、三里ほどずつもまわ

り道をすれば、婦人通行のぬけ道いくらでもあ」ると記している。(8)

三、旅日記にみる関所破り

以上は、幕府・関所の側による記録とか、関所所在地の人々からの聞き取りを基にした資料によって、江戸時代中～後期の関所通行の様子を記したものである。以下では、意識的か否かは別にして、現実に「関所破り」を行った人の記録、すなわちその人自身の旅日記を数点紹介してみたい。

まず年代未詳であるが、伊豆国君沢郡平沢村（現沼津市）の住民が西国順礼に旅立った際の旅日記の一部の四月五～八日条には、次のような記述がある。(9)

五日
一見付ニ泊り　　三拾九文米代・木銭共ニ
六日　此間ニてんりふ《(天竜)》舟渡シ有り、是より女道行故在郷ニ入ル
一市野村清水治郎兵衛方泊り　　三拾九文米代・木銭共ニ
七日　此間ニ都だ《(田)》川舟渡シ有
一三ケ日村ニ泊り　　四拾七文米代・木銭共ニ
八日　是より本坂越へ懸ル
一ごい《(御油)》宿松本や長治郎方ニ泊り、但し九日ニハ逗留仕り候、四拾七文米代・木銭共ニ

この巡礼は、四月六日に見付・浜松宿間の安間村から「女道」へ入って浜名湖北岸を迂回し、八日に東海道御油宿へ出て同所に二泊し、十日から東海道を西進している。宮・桑名間の七里の渡しの船賃からみて文化六年（一八〇九）～文久二年（一八六二）のものであり、おそらく物乞いをしながらの巡礼であったのであろう。本坂通（姫街道）を「女道」と称していているものの、気賀関所のことについては全く触れていない。断言はできないが、やはり実態として「関所破り」を行ったのであろう。

次は、意図的に「関所破り」を断行するために本坂通を迂回した日記である。尊攘派の志士であった清川八郎は安政二年（一八五五）三～九月に母親を連れて出羽国清河村（現山形県庄内町）を旅立ち北陸を通って京都を見物し、帰路は東海道を利用して江戸を見物してから帰国した。その途中の七月十九日に新居関所を避けて本坂通を迂回し、気賀関所を不法に抜けている。その際の日記の一部を紹介しておく。[10]

本阪（ママ）をくだりて壱里余にして三ケ日といふ宿にいたる。（中略）是より三里ばかりさきに、気賀といふに新井のうら番所ありて、女中をあらため通さず。故に多くは此所より舟をやとひ、入海をしのび乗して呉松といふところにいたるなり。（中略）終に船頭壱ひと（人）にいたし、鳥目壱貫文とさだむ。女をつれては何かたにても無理なる事ばかり申ふらし、余程気を用ひずば、多くは人のあざけりにあふなり

清川八郎と母親は、前日に東海道御油宿で泊った時、東海道をこの先に行けば新居関所があることを聞いて本坂通を迂回したのであるが、本坂峠を越えた三ケ日宿で「新井のうら番所」である気賀関所の存在を聞き、浜名湖北岸の三ケ日宿から浜名湖東岸の呉松村（現浜松市）まで舟で渡って「関所破り」を行った。その際に雇った舟賃が高いこ

とに憤慨しているのである。

次は、新居関所から東方約七里の天竜川左岸に近い匂坂中之郷村（現磐田市）の庄屋が、安政五年（一八五八）二月二十八日に出発して、京都・大坂・金比羅山・高野山・伊勢神宮を旅し、帰りは伊勢河崎より吉田湊まで船に乗り、三月二十六日に帰国するまでの旅日記の冒頭部分である。(11)

二月廿八日
一廿壱文　池田舟賃　祝儀共
同
一廿四文　暮（呉）松より一里舟賃
同
一九文　本坂峠　菓子
同
一八文　とふご（当古）渡し舟賃
同
一拾弐文　豊川様御礼参銭
同
一弐百文　豊川角屋三治郎泊り

この旅では、浜松宿から東海道を分岐して本坂通（姫街道）に入り、さらに本坂通から脇道へ入って呉松村に出て、同村から舟で、おそらく前記清川八郎とは逆コースの三ケ日宿辺りへ出たのであろう。東海道新居関所と本坂通気賀関所の両方を抜けた「関所破り」である。帰路は省略したが、吉田宿から東海道を下って新居関所を通過し無事帰宅している。同関所が、東方へ向かう男性に対しては無検閲であることを知っていたのである。

次は、新居関所から西方約四里に位置する二川宿（現豊橋市）の有力商家の主人が、文久二年（一八六二）九月二十二日に出発して日光東照宮を参詣し、十一月四日に帰国するまでの旅日記の冒頭部分である(12)。

天気曇天　九月廿二日
一三百文　　　中ノ郷より舞坂江舟賃
同　廿三日
一百六文　　どじよふ汁　　池田　支度弐人

中之郷村は、新居関所の北側に隣接している。この商家の主人は、先祖が元禄四年（一六九一）まで中之郷村の住民で、分家し、医者として二川宿に移住した由緒をもっているので、旅立ちに当たって本家へ挨拶に立ち寄ったのであろう。

その中之郷村から、今切渡船の東岸発着地の舞坂宿へ直接渡っている。今切渡船は、浜名湖東岸の舞坂宿と西岸の新居関所に併設された発着地を結ぶ航路で、関所破りを防止するための制度であった。その足元で、このような関所抜けが行われていたのである。

四、浜名湖東岸の伊左地村一行の周遊旅

もう一点の旅日記についても、ほぼ全容を紹介しておく。寛政元年（一七八九）に浜名湖東岸の遠江国敷知郡伊左地村（現浜松市）の一二人が旅に出た際に、それに同行した同村名主の野嶋長右衛門という人物が書き残した旅日記である。[13] 旧伊左地村は、幕末・維新期の浜名湖の埋立てによって現在は内陸部となっているが、それ以前は浜名湖に面していた。江戸時代後期には村高五百石余の旗本領、半農半漁の村であった。

一行は、寛政元年六月十二日に出発して同夜に吉田近郊の牟呂村から三河・伊勢湾を船で渡り、十三日の昼に伊勢神宮御師の曾祢谷太夫方に着き内宮・外宮を参拝、十四日から吉野・奈良方面へ向かった。旅日記らしい記述はこの十四日から始まり、それ以前は牟呂・伊勢間の船賃や御師宅での宿泊費、神宮などでの出費等の記録である。その旅日記の全容紹介の前に、一行の足跡を簡単に紹介しておく。

すなわち六月十四日は松坂を経て宮前泊、十五日に木津で宿泊し、十六日に吉野の松本屋に泊まって十七日には吉野山に上り小松院に泊まった。十八日には吉野山を下って再び松本屋泊、十九日に多武峰・長谷寺を参詣して追分泊、二十日は大神神社を参詣し奈良を経て加茂に泊まった。この二十日までは残り梅雨であったのであろう、毎日雨降りであった。

二十一日からは天気が回復し柘植で泊、二十二日には東海道関宿に出て四日市宿に泊った。二十三日には桑名宿を経て佐屋路コースを辿り津島神社を参詣後に同地泊（この間渡船）、二十四日は甚目寺参詣後に名古屋へ廻り美濃路を経て再び東海道に合流、鳴海宿に泊まった。二十五日は矢作川が大水のため細川まで迂回し、川越して再び東海道に

戻り藤川宿泊、二十六日昼に吉田宿まで戻った。吉田で最後の土産物を購入後、さらに帰国を急ぎ、七つ時（午後四時頃）に浜名湖西岸の新所村から浜名湖を舟で渡り、夜更けの四つ時（一〇時頃）に一行は伊左地村に到着した。

以上が、野嶋長右衛門が記した旅日記（表紙には諸色帳とある）からみた伊左地村一行一二人の大凡の足跡である。

次に、その旅日記の全容を紹介しておく（旅日記は走り書きで前後錯綜したり、判読不明であったりした部分もあるので一部推測で補正する）。

「（表紙）
　寛政元年　伊左路村　野嶋長右衛門
　伊勢より山上・大和越道中諸色帳
　酉六月十二日出立　同廿六日夜四つ時帰国」

六月十二日立、九つ時茂呂（牟）湊より舟ニのり、難風吉、十三日九つ時伊勢曾祢谷太夫殿へ着ス、直ニ両参宮首尾好相済、此所ニ泊る、十四日五つ時出立、

一金壱分弐朱銭四百文　此銭弐貫百三拾六文
　外　弐百文　内より持参
　内　五百文　講かけ外かり
　残り壱貫八百文之内
大舟九反帆壱艘分　運賃上下〆九貫六百文　大久保・あらいのり合
　七拾人余のり　壱人前百三拾弐文宛
一弐百六拾四文　両人分

一四百四拾八文　太夫殿　宿ちん　両人分
一弐百三拾弐文　多葉粉入七つ
一七拾八文　かあご《（皮籠）》箱
一四百三拾六文　百文　参宮
〆
十四日　夕方少し雨ふり
河原茶屋昼休　木ちん十六文　米壱升代九拾文
一同七拾六文　両人分
かゆミ《（粥見）》川　舟渡し四文宛
宮の前泊り　木ちん三拾弐文　米壱升代百四文
一同百七拾文　両人分
十五日も雨ふり
葉《（波）》瀬昼休　壱人前三拾三文
一同六拾六文　両人分
小《（木）》津泊り　此前高見峠有　壱人前八拾壱文
一同弐百六拾六文　両人分
十六日も雨ふり
水《（三）》茶屋昼休　壱人前四拾三文

一八拾六文　　両人分
吉野泊り　同川廿文宛　水次第
宿　松本屋平八ニ泊り　木ちん四拾八文　壱人前百廿七文　弁当共ニ
一弐百五拾四文　　両人分
十七日　大雨ふり　此日御山上り
御山小松院ニ泊り　　壱人前百四拾八文
一三百文　　両人分
鐘掛西のぞき役銭十八文宛
役銭四拾三文宛　外五文宛要之　　お酒夕方・朝両度代
十八日　朝五つ時暫く雨小ぶり
御参詣祈とうニ首尾好相済、大雨故又吉野下り、同宿松本屋ニ泊り
一三百文　　両人分
吉野本山南陽院様寿命綱上江三人　　銘々木札壱軒宛ニ
御酒壱樽　小松屋宿迄御送り被下候、　壱貫文吉野山行両日分
一金壱分　　銭壱貫四百文　　壱つにて
一金弐朱・弐朱　　此銭壱貫四百文　上市にて
十九日も雨ふり
とふ《(多武)》の峯昼休　参詣　　壱人前四十三文

一八拾六文　　　両人分
一八拾六文　上市両所にて　御札
一百四文　両人分　吉野川大水故
長谷観音様　参詣
追分泊り　木ちん三拾弐文　米九拾文　壱人前七拾七文
一百五拾八文　　両人分
三輪大神宮　参詣
一金弐朱　此銭七百文　帯とき地蔵参詣
廿日　雨ふり
奈羅（良）休　室入　壱人前六拾四文
一百三拾弐文　　両人分
百文　　案内壱人
一四百四拾八文　　墨
内　八拾文三丁　四拾八文壱丁　弐拾四文四丁　九文六分五丁
〆
賀（加）茂泊り　　壱人前七拾九文
一百六拾弐文　　両人分
廿一日　此日より天気吉

嶋原昼休　　壱人前四拾文
　一八拾文　　両人分
　一三拾九文　　扇弐本　　上野にて
津下（柘植）泊り　　壱人前七拾弐文
　一百四拾八文　　両人分
　一金弐朱　　此銭七百六文　　上野
廿二日　四つ時　関へ出ル
是より茶屋休　　地蔵様参詣
石薬師参詣
四ケ（日）市泊り　　木ちん四拾八文　　壱人前百文
　一弐百文　　両人分
　一弐百四拾八文　　包丁買物
　一金弐朱　　此銭七百六文
　一弐百文　　馬代両度
廿三日　桑名舟ちん　五十一文　酒手少々三文宛
　休宿六拾四文
　一百三拾文　　両人分
津嶋町泊り　参宮　　壱人前九拾弐文

一百八拾八文　　　　両人分
廿四日　甚目寺観音様参詣
一金弐朱　此銭七百拾文　　名古屋
一金三分弐朱　　　　松前屋にて買物
一弐百文　　　　包丁
一百文　　　昼休　うどん
一弐百四拾八文　　　せつた
成見（鳴海）泊り　　　壱人前八拾五文
一百七拾四文　　　　両人分
廿五日　岡崎　川留る　細川越三里廻る
案内百六拾四文　両度
細川廿四文宛
藤川泊り　　　壱人前百六文
一弐百拾弐文　　　　両人分
一金弐朱　此銭七百六文　　肴町
一百六文　　　　手拭
一金弐朱　此銭七百文　　細川
廿六日　九つ時　吉田へ出ル

一百文　　　　　　　　　　差添両人分
一金壱分　　壱貫四百弐拾四文　　吉田
一金壱分　　壱貫四百弐拾四文　　同
此日、七つ時新所出ル、是より舟ニのり、四つ時分帰国、目出度存候、
千鶴万亀也、
（出納精算・餞別・土産の記載略）
（裏表紙）
「仁左衛門　李平子　弥六子　伊右衛門　太郎右衛門子　文五郎弟
　甚左衛門　彦五郎　与五平　用松　弥右衛門　手前
　〆拾弐人
　　　　　　　　　　　　　　　　　名主
　　　　　　　　　　　　　　　　　　野嶋長右衛門
清泉院　　　　　　　　　　　　　　　　　　　」

全十五日間の旅の最大の目的地は、旅日記の表紙にあるように伊勢神宮と吉野の山上ケ嶽であったはずであるが、その外にも毎日のように道中の社寺を参詣している。その途中では、しばしば持参した金貨を銭に両替えし、積極的に土産物を購入しているが、これは旅立ちに当たって餞別をもらった村人への返礼や家族等への土産物であったはずである。奈良では銭百文で案内人を雇っており、その案内によって大仏をはじめとする市内名所を巡ったのであろう。最後に、舟賃の記述をすることなく新所より舟に乗って帰国したとあるのでその舟は私物、すなわち伊左地村から自分の舟で出発し、その舟を新所村に十五日間係留しておき、帰国の際に乗って戻ったのである。

こうしたことを踏まえ、この旅日記で特に注目しておきたいことを四点記しておく。それは、①六月十二日に出発

している点、②牟呂（吉田より南西約一里の三河湾沿岸、現豊橋市）より乗船している点、③伊左地村の一二人は牟呂から伊勢までの船中を大久保（浜名湖東岸、現浜松市）・新居（西岸、現湖西市）の人々と（相互で連絡して合流し）「のり合」っている点、④そして右にみたように旅の最終日には新所村から浜名湖を舟で渡って帰村している点、の四点である。

すなわち、①少なくとも十七世紀末から遠江国西部・三河国東部では六月上~中旬に抜参りが殆ど毎年流行していて、その定例化した抜参りの流行が十八世紀末のこの時期まで継続しているのである。そして、②当初、吉田船町から出していた伊勢への参宮船について、近郊の大崎村もそれを行いはじめたことが江戸時代中期に問題となっていたが、この旅日記が書かれた寛政元年（一七八九）には船町・大崎村に加えて牟呂村も伊勢への出航地になっているのである[14]。

さらにここには、本稿で問題視している点、すなわち江戸時代の関所が庶民にとって越境を形成する場として意識されていたか否かを判断する材料も内在しているのである。すなわち、新居宿の女性の通婚圏をも明確に規定していた新居関所であったが、その③新居関所を隔てて、浜名湖東西の村人同士が同日同時刻に同じ船に「のり合」って伊勢神宮へ出掛けているのである。これは偶然の出来事ではなく、明らかに相互で示し合わせている、すなわち関所を隔てて、互いにコミュニケーションが成立していたことを示しているのである。

そして④新所村（浜名湖西岸）より舟で帰村というのは明らかに関所横越し＝関所破りであり、しかも前述したようにこの旅日記には記述がないが出発時にも舟で浜名湖を渡っていたはずである。本来なら大罪に値する関所破りという事柄を旅日記に書き残すということは、関所が非日常的な存在ではない、換言れば越境を形成しているという意識が欠けていたと言わざるを得ないのである。

おわりに

以上、江戸時代の関所が一般庶民にとってどの程度、越境を形成するものとして意識をされていたのかという問題について、特に東海道の新居関所を中心にして、主に庶民自らが書き残した旅日記を基に検討してみた。総括をしておきたい。

江戸幕府は政治・社会体制の確立・維持を目的に、交通の要路とその脇道に全国の五三か所に関所を配備し、いわゆる「入鉄砲に出女」の検閲を基本にして、各関所の立地に応じた検閲・取調べを行わせていた。なかでも「出女」の検閲については、例外なく全ての関所で厳しく検閲し、関所手形（女手形）の発行手続きや有効期限等の問題も併せて一般女性の旅立ちを躊躇させる存在であった。女性の関所通行の困難さの一例を示せば、新居関所の膝元である新居宿では、関所を隔てた村々との女性の通婚事例が調査した範囲では殆ど皆無に近かったほどである。

しかしそれでも江戸時代を通じ、次第に庶民の社寺参詣の旅が増加し、幕藩領主もそれを黙認するようになった。新居関所では、十八世紀半ばごろには巡礼や抜参りの女性については女手形を持参していなくても関所の通過を許すようになっていた。実態として庶民の旅の大部分は社寺参詣であったから、無手形での関所通過の事例は多かったはずである。

それればかりではなく、江戸時代後期の庶民の旅日記には、関所の裏道を通ったり正規の通路以外の湖沼を不法に渡ったりしたこと、要するに天下の大罪である「関所破り」を実行したことを示す記事が散見する。旅日記に関所抜けを行ったことを書いて後に発覚すれば、それは「関所破り」の明確な証拠品となるのにそれを書き残すということは、それだけ緊張感が薄れていた、精神的に越境観念が希薄になっていたからである。

それらの旅日記のなかでも、新居関所を隔てた村人同士が、数里先の吉田宿近くの湊で落ち合い、同じ船に乗って伊勢参宮を行っている事例は、この時期の庶民間における関所に対する意識を端的に示しているように思う。すなわち日常的には、表面上で関所の存在を憚って相互の生活圏を異にしながらも、その内実では互いにコミュニケーションを有し、同じ行動をとっているのである。

〔注〕

1　渡辺和敏『改定街道と関所』（昭和五十八年、新居町教育委員会）一三二〜五ページ。
2　渡辺和敏『近世交通制度の研究』（平成三年、吉川弘文館）五一二ページ。
3　『新居町史』第四巻（昭和六十一年）近世紀行・文学編、八号。
4　『神奈川県史』資料編4・近世1（昭和四十九年）三五五号。
5　竹林栄一「古川古松軒史料—東行雑記—」（『岡山県立博物館研究報告』七、昭和六十一年）。
6　『新居町史』第六巻（昭和五十八年）文政五〇一・五〇二号。
7　『静岡県史』資料編13（平成二年）七三八号。
8　『東遊雑記』東洋文庫27（昭和三十九年）四ページ。
9　西島家文書「西国行帳」、沼津市歴史民俗資料館所蔵。
10　小山松勝一郎校注『西遊草』岩波文庫（平成五年）三八九〜三九一ページ。
11　匂坂家文書『豊田町史』資料編Ⅱ（平成三年）四四八〜四五六ページ。
12　『近世豊橋の旅人たち』（平成十四年、二川宿史料集・第一集）二八号。

13 伊左地自治会文書「伊勢より山上・大和越道中諸色帳」、浜松市博物館所蔵。この旅日記は平成九年の同館第15回特別展で展示されたもので、その際の図録にはこの旅日記の解説文が掲載されている。なおこの旅日記は文面から推測して、帰国してから何かのメモを参考にしてまとめ直したものと考えられる。

14 この問題については、渡辺和敏『東海道交通施設と幕藩制社会』（平成十七年、岩田書院）一八四～一九四ページ。

三遠南信地域における中央構造線文化軸　―豊かであった山間地域―

藤田　佳久

一、はじめに

まず、日本地図の中部地方の南部を見てみよう。中部地方は、まさに日本の屋台骨である山地が、北から北アルプス、中央アルプス、南アルプスと順に並ぶ。そのうち南アルプスが南北に延びる南方部分は天竜川がその山系を横切り、いわゆる天竜峡の渓谷付近で、愛知、静岡、長野の三県の県境が収斂している。つまり県境ゾーンである。

今でこそこの県境ゾーンは山脈や尾根筋で区切られたイメージであるが、かつて人々が徒歩や馬で交流していた時代は、直線状に伸びる尾根筋は両側の地域を結ぶ優れた交通路であった。つまり両地域を分断するのではなく、逆に両地域を統合する機能があったのであった。たとえば、古代から中世にかけて、愛知県と静岡県を分ける山地の尾根筋上には多くの寺院が配置され、行基や弘法大師建立の伝承を持っている。伝承はともかく境界の山地に寺院が建立されていたことは事実であり、両側の山地の裾に広がって生活する人々は、これらの寺院を経済的に支えてきた。尾根筋を断絶の境界とする認識は弱かったといえる。近代になって鉄道や自動車の普及する中で、山地が地域を分断する境界に変わっていったのである。

話を前述した三県の境界ゾーンに戻そう。このゾーンを中心に、地図上では分断されているこのゾーンは、お互い

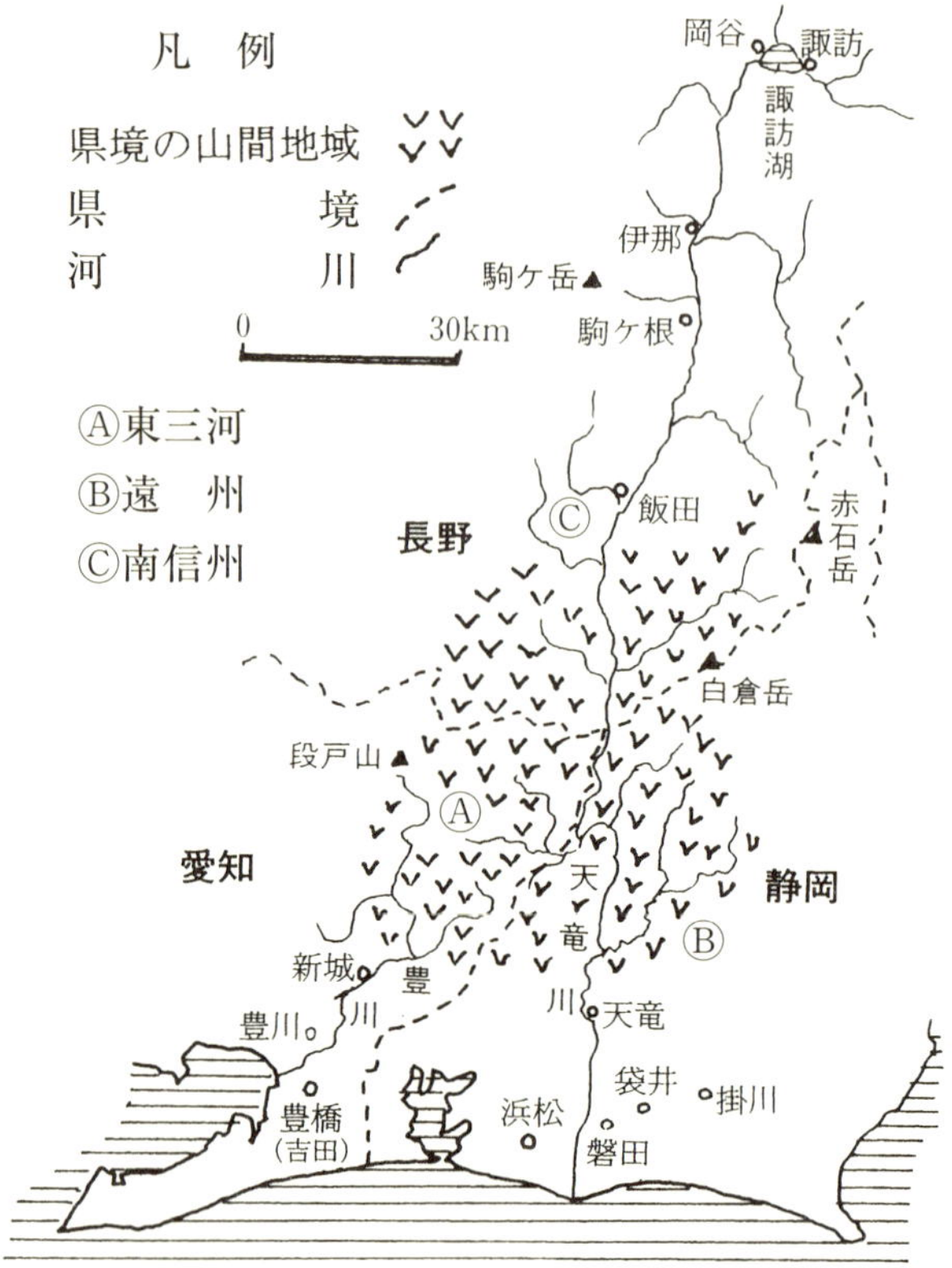

図1　「三遠南信地域」と県境の山間地域

の接触する隣接地域が広めのまとまりをみせ、ここ三〇年ほどの中で「三遠南信地域」と呼ばれるようになった（図1）。愛知県東部の東三河と静岡県西部の遠州、それに長野県南部伊那地方のその南半分の下伊那郡の地名から「三」、「遠」、「南信」の文字を取り出して呼称したものであり、最近では新たな地域づくり運動として、この呼称が盛んに使われるようになった。しかし、歴史的にはすでに遠く古代以前から存在していたこの地域の枠組みであった。それはなぜか。

境界ゾーン部分だけでは、尾根筋の両側の細長いゾーンのみになってしまうが、より広いまとまりを生み出したのは、この地域を貫く中央構造線のたまものであり、ラッキーなことでもあ

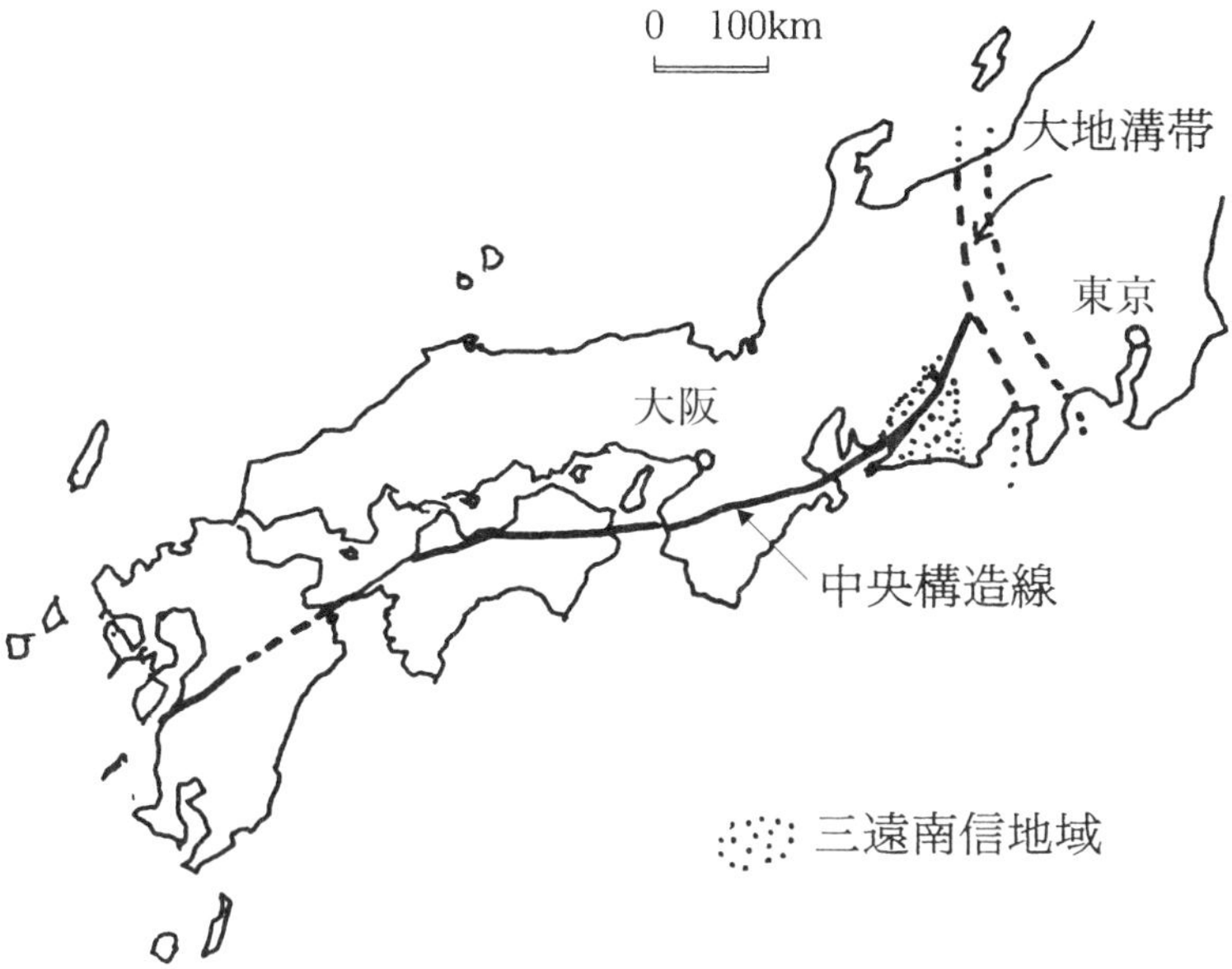

図２　中央構造線位置図

った。つまり、山地、山脈の統合的な境界ゾーンに加え、中央構造線の谷が古くからより外部との交流をもたらし、特有の文化、社会、経済の豊かな蓄積を生み出してきたのである。それは、今日の山村、過疎、限界集落、など条件不利地域とみなされる山間地域がほんの少し前までは平野部よりも豊かで活気に満ちた地域であったことを示している。

本論はその実体を主に山間地域を中心に示そうとするところに目的がある。

二、中央構造線

そこでまず、中央構造線について触れておこう。

中央構造線は、長野県の中央部にある諏訪湖から南アルプスの西側に沿い、三峰川、遠山川、そして天竜川を横断し、三河の豊川に沿い、三河湾から伊勢湾を横断、三重県の櫛田川から吉野、紀ノ川、さらに四国の吉野川から松山、九州の阿蘇山以遠にまで続く日本最長の大断層である（図2）。この断層を示す構造線はこの南側を外帯、北側を内帯と呼び、前者は堆積層、後者は地下のマグマ起源の隆起した花崗岩からなり、その両者が接触している境界部分を中央構造線と呼ぶ。

そのため、この接触部分は風雨の浸食に弱く、川ができ、自然の谷を作り、自然が作った道路として古くから利用されることになった。それが地域内外との交流をもたらした点でラッキーであった。もちろん、自然が作る谷は、ところによっては急峻で、人々はその迂回路をさがし、併走する尾根筋を利用したりした。三遠南信地域内にもそのような難所があり、人々は大きく西側へ迂回し、のちの伊那街道（三州街道）や別所街道になり、遠山川の下流域では隣の伊那山脈の尾根道を利用した秋葉道としても展開した。とくに西側では、鳳来寺火山の西側などに第三紀層の谷が連なり、その北側には、花崗岩が風化によってできた小さな盆地（洞）がつらなっている。のちにはこれらの盆地をつなぐ道がいくつか生まれ、前述の伊那街道（三州街道）や別所街道など、地域の内外を南北につなぐ主要なネットワークに幅が生まれた。

三、中央構造線を巡る生活空間と環境変化

このような形で形成された中央構造線を巡る道のネットワークはすでに縄文時代には形成されていた。以下、それを時系列的に見てみよう。

(1) 縄文、弥生期の生活空間

たとえば、図3に示すように、縄文、弥生時代の遺跡調査の結果、山間部の遺跡を中心に黒曜石からつくられた鏃

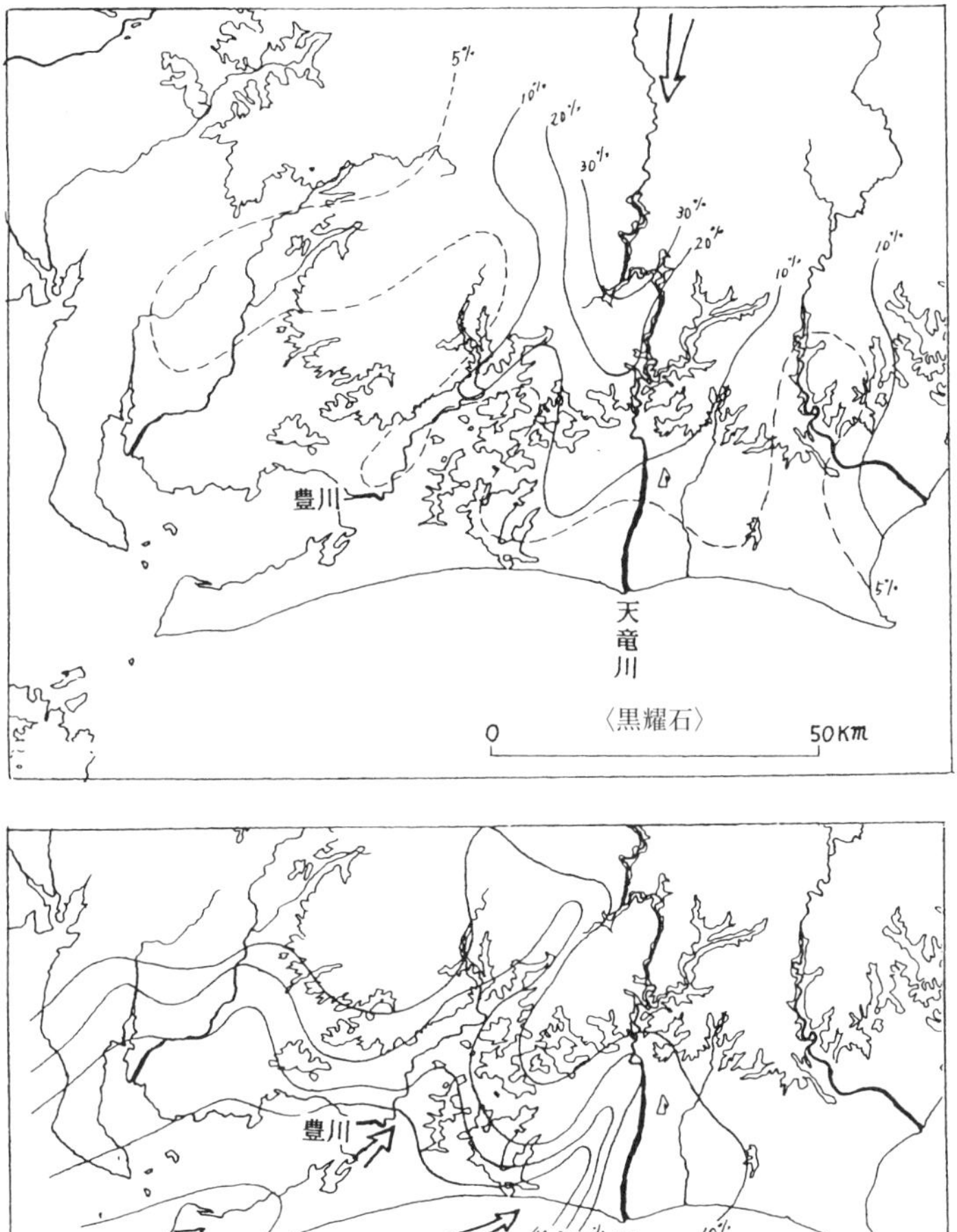

図3　三遠地域における黒曜石とサヌカイトの石鏃（矢じり）の分布（向坂原図）

などの細工がこの地域の北方ほど高い密度で発見されたが、原材料の黒曜石は、諏訪湖のさらに北の和田峠が産地であり、それが伊那谷を南下して天竜川や豊川流域の下流域であるこの一帯に及んだことを示し、黒曜石やその加工技術が伝播、受容されたことを示している。一方、畿内大和の西側の端にある二上山から産出され、天皇陵の築造にも利用されたというサヌカイトは、伊良湖水道を超え、豊川や天竜川を北上し、山間部へさかのぼる分布を示している。つまり、縄文時代にはすでに三遠南信地域の山間部は、中央構造線を軸に北と南から人と物、そしてそれに伴う情報の交流があったことを示している。ではなぜ山間部に目立つのか。

今日設定されている縄文時代は、一万年もの長さであった。そのうち、はじめから三分の二の六千年ほどは間氷期の中でも温暖で、海面は高く、今日の沖積平野は海面下にあった。つまり、その時代の人々の生活空間は、今日の沖積平野ではなく、乏水性の洪積台地と山間部が中心になったためである。当然、自然豊かな山間部に生活空間の拠点が形成され、この時代の山間文化が日本文化の基盤となったといえる。三遠南信地域の山間部も同様であった。多くの縄文遺跡が高い密度でこの地域の中で発見されるのも当然であり、全国的にも、中部地方以北の山間部に縄文文化が卓越して見られ、花開いた。

それが後半の三分の一の縄文晩期の期間になると、気温の低下が見られ、海面下で堆積しつつあった沖積地が海面上へ浮上するようになり、以降は海面上に河川による堆積で沖積地が形成されるようになった。時折、新聞紙上に見られる縄文晩期の米粒の発見は、浮上した沖積平野の上を日本列島西部から上陸した稲作が、列島を突っ走り、東北地方まで到達したということであり、自然環境の大きな変化があったことからすれば不思議なことではない。

このことは、稲作は弥生時代とするこれまでの日本史の時代区分がグレイだということになる。大きな環境変化が起こった縄文晩期こそ、時代変化の境界であるべきだといえる。

この結果、この三遠南信地域の沖積低地でも、微高地である自然堤防上に、河川氾濫におびえつつも居住地が見られるようになり、弥生時代にはそれがさらに一般化した。もちろん、山間部での居住も継続した。環境変化の中で山間部の人々は、居住や生活の様式を変え、対応したことがうかがわれる。

(2) 古代の生活空間

古代は、各地の豪族を支配した大和朝廷による中央集権体制が確立し、その権力が及ばなかった東北地方もやがて組み込まれ、各地域はその支配下に置かれた。それは七〇一年の大宝律令による国郡制の施行に現れている。

たとえば、三河地方は、今日の西三河の「三河」と東三河の「穂の国」から構成されていたが、それが旧「三河」の「三河」名のもとに合併され、国府は旧「穂の国」に置かれた。そしてその下に各郡が設定されたが、いわゆる奥三河と称される山間部は、当初旧穂の国のセンターであった穂評から穂飫郡（のち宝飯郡と表記）へと改称された広域の範囲に含まれていた。その折、旧「穂の国」の平野部を中心とする飽海は、渥美と八名の両郡に分離されている。つまり、奥三河の山間地域は独自の地域名称をまだ公式には持っていなかったのである。当時の地名集である『和名抄』を見ても奥三河の集落地名は記述されていない。漏れているといった方が正確であろう。縄文晩期からの厳しい気候環境は古代当初、山間部への関心の低下があったと思われる。

それが独自の地域として認識されるのは、平安時代、それも一〇世紀に入ってからであった。その名称は「設楽郡」であり、郡として独立した。地名は豪族の設楽氏に起源があるとされている。ここに奥三河の山間地域の独自地名が認知されたのである。この背景には、縄文時代晩期の寒冷化が次第に温暖化に転じ、平安時代にはその影響で、比叡山や高野山のような山岳宗教の拠点が形成され、山岳修験が山間地域へ広がったこともあった。そのような中で、山間部の集落が改めて注目されたものと思われる。

設楽地方でもより山間部にあたる現在の北設楽郡における地名について、カイトあるいはカイツ名称が付せられた地名の分布は興味深い。カイトやカイツは古代の柵で囲った集落カイト（垣内）を称した古い云い方であることからすれば、これは古い集落名起源の地名と思われる。それによれば、津具村と富山村を除く奥三河の町村に集中的な分布が見られる。これらの地名を有する集落はすべてが古代起源とはいえないまでも、かなり古い集落であり、これらをベースに設楽氏などの豪族や荘園が設定されたと思われる。古代には表面に把握されなかった生活空間が存在していたことがうかがわれる。その地名を持つ集落や分散立地する個々の農家は、主に南面する斜面上に立地し、冬でも太陽光線を斜面に対して直角に受容し、面積あたり最大の受熱量を得、沢の水を飲料水に利用し、山地斜面で焼き畑も行った。そして背後の尾根道を簡単に利用でき、外部ともつながっていた。山地環境を最大限にいかした最適立地の居住で、こんにちの山村にも継承されている。これは隣接する南信と遠州の山間地でも同様であり、のちにこれらの集落が栄える街道の要になってネットワークを形成することになった。

(3) 中世の生活空間

中世になると、気候は再び寒冷化し、農民の農業生産力は劣化して、それをベースにしていた多くの貴族階層は経済的基盤を失い、荘園制度の崩壊は所領や農村の社会不安を高めた。その中で、新たな武士階層が表舞台に現れ、所領を確保し、お互いに権力争いを繰り返した。その中でも、応仁の乱（一四六七〜一四七七）は最大級の国内戦であった。荘園領主を失った農民たちは、次々と戦に加わった武士たちに徴発され、暴力を受ける過程で、自分たちを守るために、それまでの一軒ずつの分散居住方式をやめ、近くの農家同士が集まり、防御のために周囲に水濠を巡らすなどして、いわゆる集村化した村落形態へ移行した。ちょうどライオンの攻撃から身を守るためにシマウマが互いに円陣を組んで対抗するのと同じ原理である。ここに世界でもあまり例を見ない日本の集村が形成された。まさに自力、独立した村落であり、やがて協同でため池を築造し、水利を管理し、入り会い山の規則を生むなどして、世界に例を見ない村落共同体を確立していった。中には自分たちだけで裁判権（自検団）をもつ村落も現れた。日本史上まれな農村の独立空間の誕生であった。

山間部の村も同じような方向を持ったが、自給経済がベースであったために、地元土着の開発領主、あるいは応仁の乱の敗者などによる外から侵入した豪族の支配を受けるケースも多かった。三遠南信地域の山間地域では、天竜川沿いのうち、奥三河と南信濃の国境を挟み、熊谷家が領域を拡大し、北接する南信州の関氏と対峙、対岸の遠州側では現在の水窪一帯を片桐氏、その南を天野氏、片桐氏に北接する南信州を遠山氏が支配し、隙間なく所領が張られた。うち一四世紀に定着した熊谷氏は、その前に紀州田辺から流れてきたとされる田辺河内守網秋氏の後を継いで、三河の北東端である旧富山村河内を拠点に、南信州の天竜川沿いに焼き畑耕作をベースにした急斜面上を北上しつ

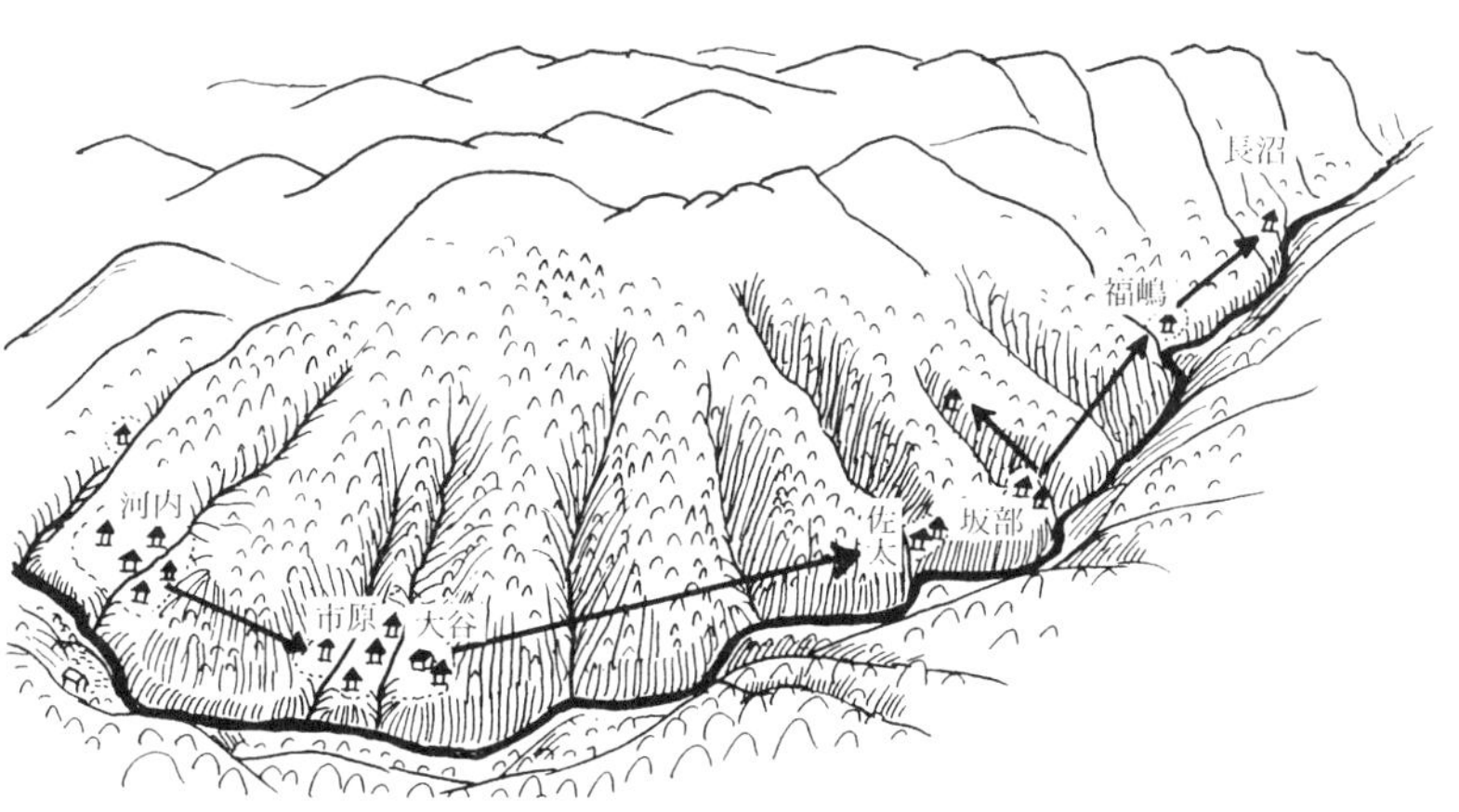

図 4　「熊谷家伝記」の村々の天竜川沿いでの立地の見取図と開拓順

つ新たな村づくりを一〇〇年かけて行っている（図4）。こうして中世の土豪が三遠南信の国境一帯に並立することになった。

ところで、この熊谷氏は一八世紀まで日記を記録し、それによると、はるか離れた都での出来事を逐一記録し、それもかなり正確である。情報が広くから熊谷家へ集まっていたことを裏付け、決してこの地が情報の入らない僻遠の地ではなかったことを示している。その背景の一つには南北朝期に破れて逃避した南朝方が、吉野山から東進し、伊勢から渡海して三河の豊川沿いをまさに中央構造線沿いに北上して、伊那谷の大鹿村一帯へたどり着いたという南朝伝承がこの中央構造線沿いに沢山存在することがある。伝承ではあるが、一部の遺跡を宮内省も認めているほどである。熊谷氏の日記は、この一帯の豪族が避難してきた南朝方を支え、流れてくる都の北朝情報を正確にとらえようとした証とも見ることができる。最短距離を結ぶ中央構造線は、中世においてすでに人、物、情報を的確に運んでいた回廊であったということができる。なお、熊谷家の領域は、中央構造線が現在の水窪町から天竜川支流の遠山川に抜ける筋から少し離れた天竜川沿いの急斜面上にあり、外部からはすぐにはたどり着けない一帯にあった。

四、近世の街道文化

(1) 幕藩体制の網

江戸時代に入ると、徳川政権は全国に幕藩体制の網をかけた。三遠南信地域の国境地域でも新編成が行われた。まず、それまで独立天下であった豪族が、その上に幕府の網がかけられ、またその権力さえ奪われたことである。

たとえば、南信州遠山側流域を支配していた遠山氏は、家督継承の乱れで、その所領を幕府直轄領に編入されてしまった。幕府は新政権の拠点になる江戸の町造りに大量の木材が必要となり、南アルプス一帯の森林資源を木曽山とともに直轄領へ編入している。そしてこの遠山一帯を囲い込み、外部からの侵入を禁止すべく、周囲に沢山の関所を設けた。こうして囲い込まれた住民は、江戸の家の屋根板を押さえる榑木《くれき》の生産に従事し、遠山側から天竜川に流下し、バラ狩りから筏に組んで、河口の掛塚へ運搬した。遠山郷はこうして実質的に外部と遮断されてしまった。江戸時代も後半になって、郷内の森林資源が減少すると、その規制も弱くなり、飯田から伊那山脈を越えて山道が遠山郷へ延び、さらに南の青崩峠を越えて、秋葉山への道、秋葉道が外部とつながった。遠山郷の和田にはその後峠越えのための宿駅ができ、街道町が次第に形成され、今までの囲い込みをぶっ飛ばすように、各地へ出かけ、来客を迎え、そして多くの神仏を勧請し、祀った。その多くの石神仏には病気や洪水、火事への恐れを解消してくれる願いが込められている。

余談だが、筆者らはそこに集まった石神仏を掘り起こし、三三体の石神仏巡りができるように「神様王国」という名称で、地域おこしをめざし、まずは秋葉街道の遠山郷和田（現在は飯田市南信濃和田）の街道町を中心にオープンした。これら石神仏を巡れば、まさに江戸時代の後半から中央構造線の持っていた外部世界を知ることの出来るネットワーク機能と、住民たちの新たに知った強い安全願望がじかに伝わってくるとともに、先人たちの生み出した知恵を受容することができる。

遠州側の片桐家も同様で、ほとんどの山は幕府の御料林として囲い込まれ、こんにちも広大な国有林として継承されている。そのほかの豪族の所領も幕府の天領として編入された。

(2) 主要街道システム

以上のように、国境ゾーン一帯は幕府の直轄領に編入された。それまでの土豪は遠山家のように完全に潰されたケースもあるが、そのほかの土豪は領域の支配権こそなくなったが、同族の集団がそれを支えていたため、村落レベルでは同族集団の強みが発揮される場合も見られた。そのような中、あらたな変化も生まれた。それが次第に強化されていく域内を貫通する商品流通とそれを支えた街道システムであった（図5）。

その代表的な街道が三河側からいえば、伊那街道で、南信州側からいえば三州街道である。

この街道は、南から見れば、三河の吉田（現在の豊橋）から水運で新城へ達し、新城で荷物を駄馬に乗せ、豊川右岸沿いにさかのぼり、大海から支流の宇連川に別れ、本流をさかのぼり、田口へ。さらにそこから二つに分かれ、一つは稲橋経由で、信州側へ入り、根羽、平谷から駒場、そして飯田へのコースである。その際、途中の田口から北上して津具経由で南信州へ入り、根羽で前のコースと合流し、飯田へ向かうコースの分岐道もある。もう一つは吉田から豊川の左岸をさかのぼり、鳳来寺山麓の渓谷を過ぎ、本郷から豊根を経て南信州へ入り、新野から天竜川河谷に入り、飯田へというコースである。これは本街道ともいうべき三州・伊那街道に対して裏街道的であり、別所街道と称される。そしてもう一つが、前述した飯田から遠山郷を貫くようになった秋葉道で、秋葉神社を経て森、掛川、さらに相良、御前崎へと続く。前述のコースも同様であるが、御前崎へつなぐコースはまさに「塩の道」であった。秋葉道は秋葉山から西の天竜川へ降り、そのまま三河との国境を越え、大野へ出て鳳来寺への参拝のコースになっていた。三河側はこのコースを秋葉道と呼んだ。

本街道である伊那街道（三州街道）は、すでに中世あたりから原形が現れていたようであるが、本格化したのは江戸時代からである。当初は、沿道で馬を持つ農民たちが冬の農閑期に町へ農作物を売りに行き、帰りに商品を購入し

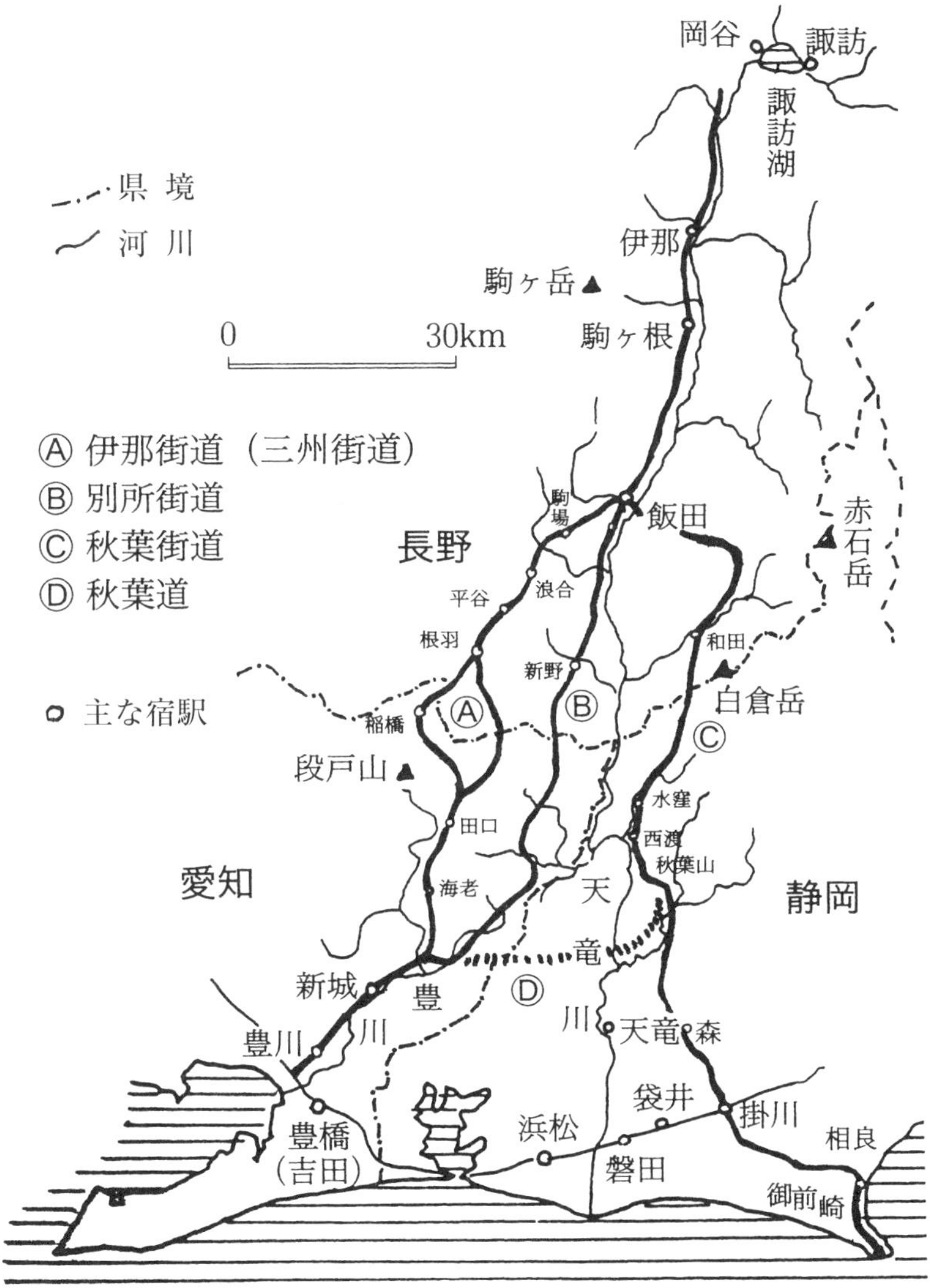

図5　天竜川・豊川流域を結ぶ旧街道図（太い実線）

図6　「山湊馬浪」と称された新城の賑わいの風景（『三河名所図会』の部分図）
（「奥三河山村文化のダイナミズム」（藤田）のチラシより）

て売り、駄賃稼ぎをしていたのが、やがて商品の需給がたかまる中で、本格的な運送業者になり、その方式を中馬といった。一人の博労が三〜四頭の馬の背中に荷物を振り分け、運搬する姿が一般的になっていった。戦国期が終わり、平和な時代が訪れると、確実に荷物が届く仕組みが必要とされ、工夫され、それが商品経済を普及させ、広げることになった。それは専業の運搬人としての博労であり、やがてとくに陸上交通に頼る信州の道沿いで中馬が活発になり、彼らにグループが形成され、特権化した面もあった。

　江戸時代に整備された五街道では、宿駅ごとに荷物と馬を変えねばならず、手間と荷物の損失も生じた。その点、大きな脇往還ともいえるこの伊那街道（三州街道）である本街道などでは、そのような制約もなく、一人の博労が出発から到着まで担当し、今日の宅急便の仕組みの先駆的システムを作り出したといえた。またコースのほとんどが天領であったことも自由な中馬が発展した。それに対して宿場の問屋などが反発し、幕府に禁止を求めたりしたが、幕府は制約させず、それも地域経済の発展を促した。多くの中馬は南信州が中心で、そこでは一万頭近くの馬が運搬に従事した。伊那街道では、江戸時代中期以降になると、中馬の特権に対して三河側の津具の馬稼ぎたちが自立のための抵抗運動を起こすほどであった。

こうして中馬はさらに広域に広がり、江戸まで出かけるケースもあった。中馬のための宿駅もでき、馬宿が並んだ。中馬の起終点の新城や飯田は城下町による町ではあったが、馬の宿の町として経済的に発展し、新城では「山湊馬浪」と馬であふれる町の勢いが形容された（図6）。山間部の尾根道では、馬のすれ違いがやっとというところも多かったが、水産物や山地の産物、それに城下町や在町などで加工された品など幅広い商品の行き交う街道沿いでは、馬宿だけでなく、普通の宿、博労の稼ぎなどのほか、馬のえさ、運送道具、食べ物屋、そのほか多くの商品や雑貨が作られ、販売された。伊那街道の道中沿いでは大海、海老、田口、武節、根羽、平谷、浪合、駒場などに宿駅が形成され、貨幣経済がさらにこの地域に普及した。

かつて、筆者のところへやってきたアメリカの二人の大学院生は、この状況を調査、研究し、そのうちの一人は、明治以降の日本が急速な近代化を遂げられたのは、このような庶民による統合された地域システムが江戸時代においてすでに成立していたからだと論じて、博士論文をまとめ、博士の学位を取得している。制度化された五街道はともかく、庶民の道でさえ、そのような地域経済を巻き込んだ輸送システムが民間の世界でできあがっていたことに彼らは驚嘆したとのである。

（3）地域文化への影響

このような輸送業の活性化は、さらに地域文化にも影響を与えた。とくに起終点の一つ飯田は、新城など三河からあるいは三河方面への荷物の集散地であると同時に、信州の諏訪、松本方面との活発な荷物の発着を行う集散地であり、その先は北国街道で北陸地方とつながるという広大な後背地域を有していた。したがって、飯田には多くの経済的利益がもたらされ、格子状に町割りされた各通りは、それぞれ地域とのつながり、別の問屋が配置され力を発揮していた。それらの問屋や商人の経営者の中からは、江戸や京都とのつながりを持つ者も現れ、菱田春草のように画家が生まれたり、太宰春台のような儒学者が出たり、そののち、平田国学を研究する文化人もあらわれ、新しい蘭学の医術や医学を学び、取り入れたりする関島良致のような医師もあらわれて、飯田の文化を高めた。これは、飯田が小規模ながらも城下町であり、城主がそのような庶民の文化活動に理解を示したこともあったが、それ以上にそのベースはまさに信州中馬の経済活動の蓄積によるものであった。

また、新城も飯田ほど広い後背地はもたなかったが、水運で吉田（現在の豊橋）と直接的につながり、その先は水運で伊勢や関西にも間接的につながっていた。伊那側へのネットワークも後背地を広げていた。そのため豪商も町中に誕生するが、その中で醸造業や米穀業を扱う豪商太田弥平太重永家の四男であった太田白雪は、父親の影響で俳諧に興味を持ち、松尾芭蕉の来訪時に三河を案内や接待するほどの有力な俳人になっている。彼はその後の新城文化の代名詞として、そのレベルを上げたが、彼もまた、商業資本の蓄積の上に登場したといえる。

これらのうち、国学や医学はやがて三州街道沿いにつながり、国学では奥三河の古橋家のような豪農が拠点となり、蘭学に関心を持つ蘭方医を生み出して巻き込み、新城や吉田など豊川下流域と連動したと言ってよい。吉田（現在の豊橋）ではすでに鈴木梁満のような国学を学ぶ先覚者も出ていたが、国学者で羽田八幡宮の神職でもあって、のちに開放的な図書館である「羽田八幡文庫」を実践的に設立した羽田野隆雄が、最初の平田門下生となった。この文庫設立に当たっても、宿駅であり、城下町であった吉田の国学者であり俳人でもある商人たちの寄付によって可能であった。商人の間にも平田学が広がっており、幕末頃の三河では神官、武士、豪農、商人など五〇人以上が平田門下生であったという。

国学は東隣の遠州でも浜松の真淵、次いで二俣の眞龍による歌会中心の国学が行われていたが、羽田野は歌会による運動よりは古学への思想運動のレベルに達していたとされ、それが図書館や教育などの実践的活動につながっていた。

一方、蘭方医もオランダの医学を国内で学び、東三河の各地で誕生、開業し、その後の流行病である天然痘への予防技術を習得しで地域を安定させている。街道のネットワークが人と情報を有効に広げた例だといえる。

五、民俗芸能―花祭り―

(1) 花祭り

以上のように、中央構造線がもたらした地域ネットワークは、国学という思想や蘭学の医術をこの一帯に広げた。このような例はほかにもあるが、その中でも代表的な例に民俗芸能、とくに「花祭り」をあげることができる。「花祭り」は奥三河から南信州、さらに遠州北西部の山間地域に見られる民俗芸能で、まさに三遠南信の県境ゾーンに凝集した神楽祭りであり、中央構造線の賜ともいえる（図7）。呼称は奥三河では「花祭」だが、南信州では、「霜月祭り」（遠山郷）、「雪祭り」（新野）などと違いがあり、基本は共通するが、お互いに少し違いがみられる。もっとも、奥三河の「花祭り」も集落の間でリズムや舞に違いが見られるから、山を隔てて距離が離れると、その違いもそれなりに出てくるといえる。しかし、その共通項は、冬に入り、最も太陽が南下し、太陽光のエネルギーももっとも弱くなる厳寒期に入った、かつての一一月に、全国からの数万の神々を招き、再び太陽の明るさとエネルギーを復活してほしいという願いをこめた祭りで、舞庭（まいど）では全国の神々に祀り作法や舞を見せながら祈願するという手法にある。

それが、亡くなった家族や知人が復活して、再びこの世に戻ってきてほしいという「生まれ清まり」への願いとなった。かつては各集落の中で、その年になくなった人のいる家の庭で催したりして、盆供養の役割も持っていた。また、江戸時代には七年に一度「大神楽」と称し、複数の集落が協同で「花祭り」を行っていた。そのさいには、この世とあの世の世界を具体的に設け、その境を流れる三途の川を鬼が渡り、鬼があの世へ入り込もうと、あの世を囲っている柵を破って討ち入り、亡くなっていたあの世の人たちを引き出し、この世へ生還させるという演技が行われていた。このことは、紛れもなく「生まれ清まり」という「花祭り」の神髄を体現したもので、この祭りの趣旨が現れている。

そしてこの「花祭り」や時に行われた「大神楽」には、当然多くのコストがかかった。多くの米、酒、料理、衣装などがこの祭りのために消費された。天領であったことに加え、山間地域ゆえ、監視の目が弱かったこと、そして何よりもこの地域を貫く何本もの街道がもたらす経済的な利益による豊かさがその背景にあった。

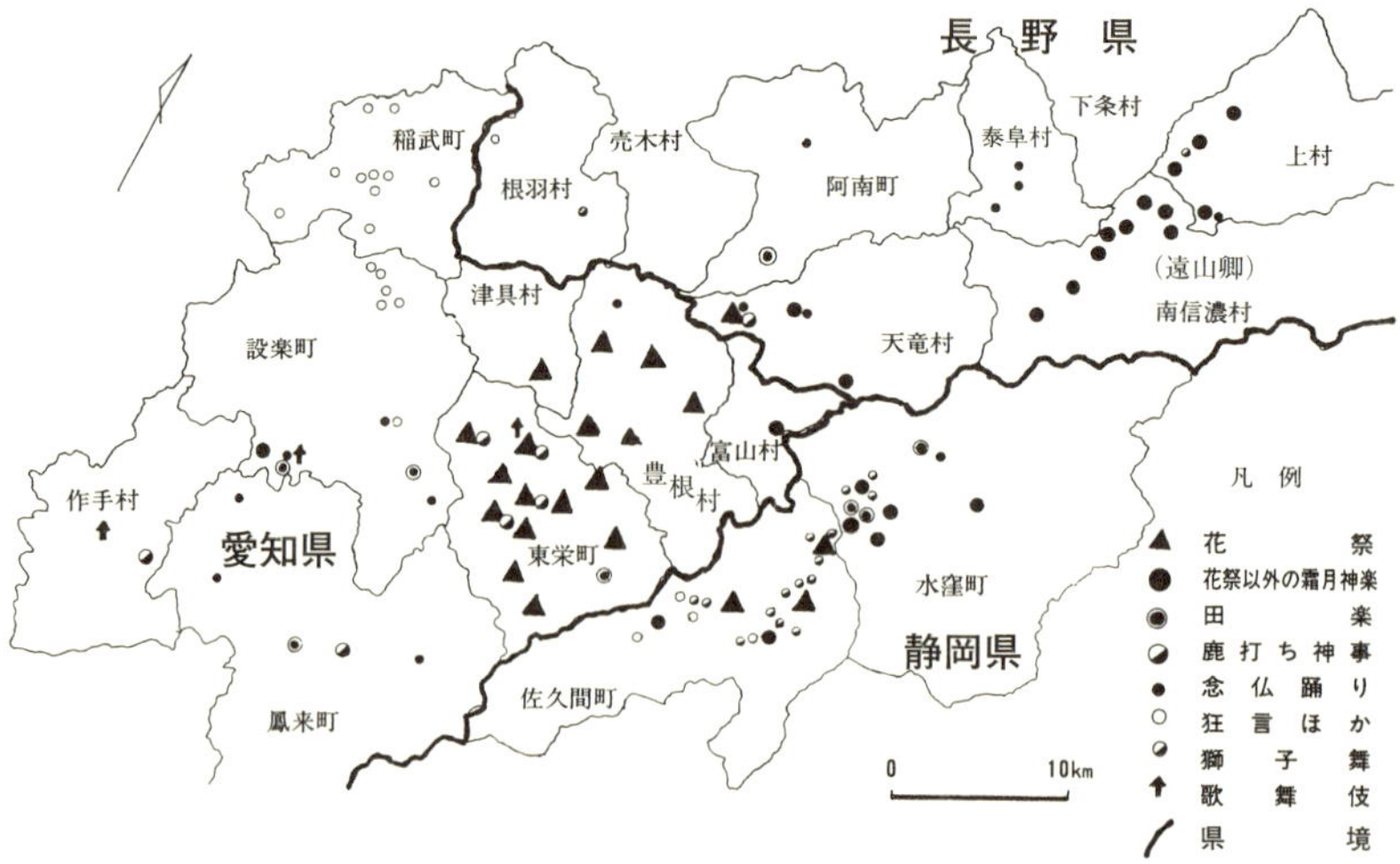

図７　三遠南信旧国境町村における民俗芸能の分布（1975年）（藤田原図）

（2）「花祭り」の二系

ところで、この「花祭り」は地元では当たり前であったが、これが広く知られるようになったのは、戦前、渋沢栄一と折口信夫らの一行が、南信州の阿南町の「雪祭り」の調査の後、三河北端の豊根村に入り、南信州との県境に近い三沢山内の花祭りを知ったことがあった。とくに折口は本来の神との交流する姿に新鮮さを感じ、後、祭りの一行を東京の国学院大学の郷土研究会に招き実演させたのがきっかけとなって、まずは在京の人々に知られた。そして、三河の地元出身の民俗学者早川孝太郎が、地を這うような実地調査研究の成果として『花祭』の大著を出版し、全国に知られ、「花祭り」という名称も定着した。早川の『花祭り』の著作を見て、折口信夫は、「花祭り」を自ら調査研究しようという計画を断念し、若干の解説記事を書いただけにとどまったという。

早川孝太郎は地元の利を生かして、そのほぼ全貌をとらえ、とくに奥三河の「花祭り」を主に、呪術的始まりから、後半の楽しみの舞までを文字と描写絵、写真、地図まで取り込み、まるで文字の映像化を図ったような立体的な力作に仕上げた。そして「花祭り」を主に豊根村を流れる天竜川支流の大入川流域の「大入系」と東栄町を流れる振草川流域の「振草系」の二つにわかれることを感覚的ではあるが、明らかにした。

その際、筆者（藤田）は、よく知られている両者の間での舞庭の違いのほか、舞の演目の違い、そして何よりも村落形成の違いの存在がその背景にあることを指摘した。村落形成から見れば、もっぱら山地斜面の焼き畑中心であった複数の親村から山間の盆地底である「洞」（小盆地）へ移住開墾して、新たな村を作った入り会い出郷の村が、開田も出来、生産力も高くなり、村のまとまりと村づくりのために、「花祭り」の原型であった祭りを導入、新たな村づくりをおこなったものと考えられる。それが豊根村型、つまり、大入系であり、一方、東栄町では親村が入り会い出郷よりもよい立地の場所にあり、もっぱら親村の方が大入系系の「花祭り」をより楽しみの場として導入し、振草系へ編成したものと思われる。

（3）「花祭り」と中央構造線

ところで、「花祭り」が今日多くの見物客を集めるのは、隔世の感がある。かつて筆者（藤田）が雪の中で見て回った昭和三〇年代末の頃は、電灯もなく、農家の前の舞庭は暗く、見物客はその集落の人ばかり。明かりは湯を沸かす釜戸の火だけで、それに照らされて現れる赤鬼はすごみがあった。子供たちが順に舞う時の衣装や飾りは陰が多かった。しかし、まだ村人の数は多く、この日だけ許されていた悪口雑言は、外から来た筆者にも多く向けられた。

それが今や、ショウの舞台のようになり、赤々と電灯が照らす中で、多くの客の顔の中でリズミカルな太鼓のリズムとともに、とりわけ幼児から順に舞う姿は、多くの客を魅了する。この舞も集落により差が見られ、そこに各集落の演出が見える。つまり、多くはかつて伝播してきた舞をそれぞれの集落が独自に編成し、独自に作り出してきたといえる。そのため、同じ舞でも、集落によってリズムが微妙に異なったりし、それが舞にも影響している。

そして、この舞の演出こそ、江戸時代、この地域が伊那・三州街道によってより直接的につながり、さかんに行われた伊勢神宮参りにあったと思われる。この街道は、三遠南信の人たちだけでなく、その外縁部の人たちにも利用された。吉田から船でいけば丸一日で海を越え、伊勢へ着いた。一方、伊勢湾を大回りすれば三〜四日を要したからである。

伊勢へ着くと多くの場合、御師が案内し、御師宅で参拝した。神宮は皇室の神であるからである。その御師宅の参拝所は、部屋の中央に天蓋がつるされ、その真下に釜戸が置かれ、参拝客はそれが見える位置に並んだ。それは、紛れもなく「花祭り」の舞庭と同じである。つまり、伊勢の御師宅の参拝所が「花祭り」の舞庭に再現されたというこ

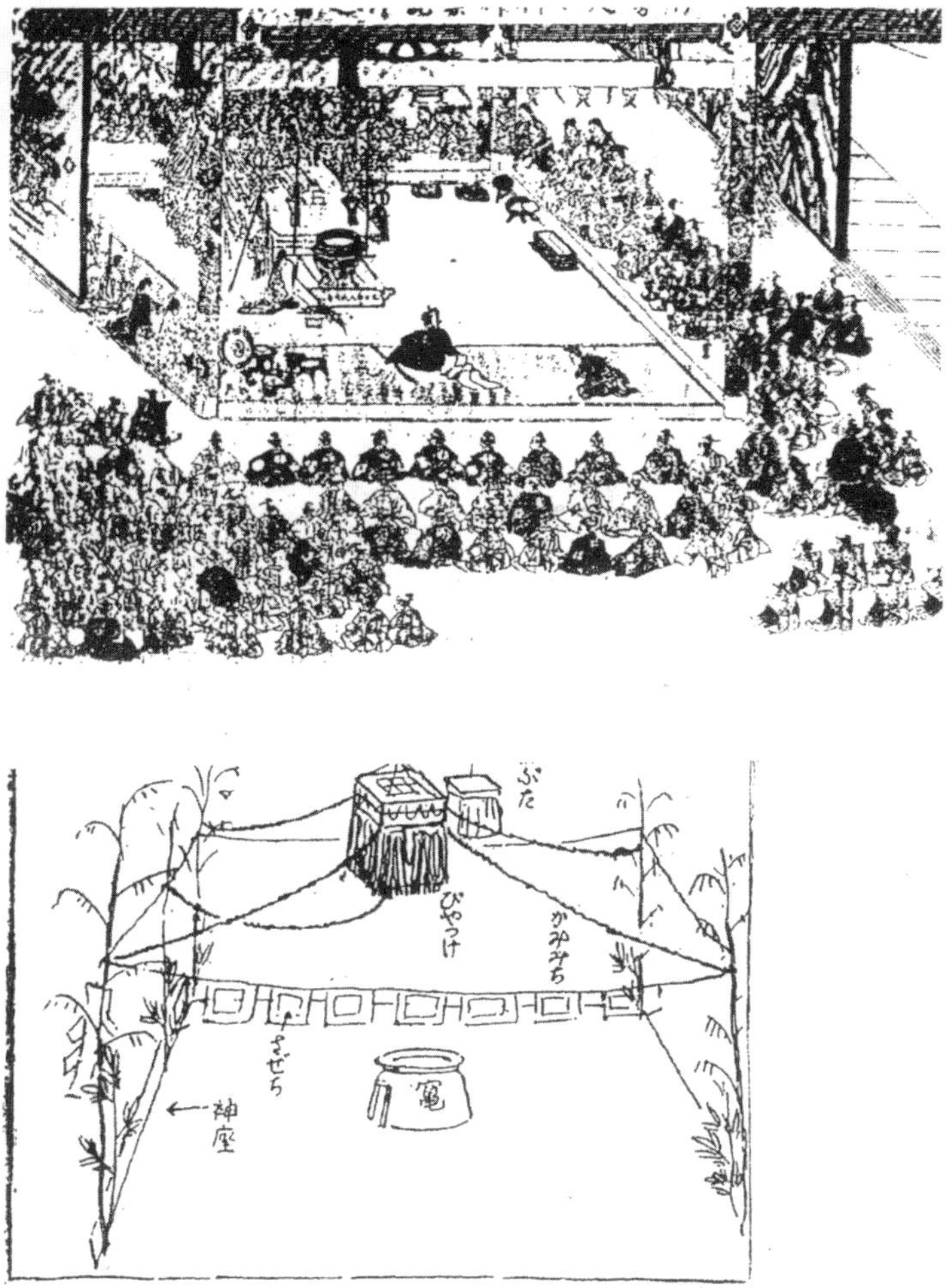

図 8　伊勢神楽（上）と花祭り（下）の舞台装置
（上は中川久兵衛蔵、下は早川孝太郎による）

とになるだろう（図８）。大入系は釜戸および天蓋の場所と舞庭の場所が区分され、より御師宅に近いが、振草系は、天蓋および釜戸と舞庭が同一空間にあり、神様たちとより近くで楽しめる。

そして参拝のあとは直来時間。御師宅ではじめて味わう料理やきらびやかで演出もきいた伊勢音頭の歌舞なども楽しんだ。ラインダンス風に描かれたダンサーたちがきらびやかに伊勢音頭を歌い舞う浮世絵などが土産に売られていることからもわかる。これらの娯楽シーンは、「花祭り」の舞にも演出にも影響したに違いない。

奥三河のすぐ北、南信州の山村、天龍村の坂部の冬祭りのオープニングソングは、なんとずばり伊勢音頭である。武士がおらず、固苦しくない伊勢は、寺社詣の許された庶民が毎年数百万人も押しかけ、伊勢は日本最大の庶民の参拝地であり、古市など歓楽街もそろった娯楽地となり、庶民のあこがれの地となっていった。全国から集まった人たちの交流の場にもなり、いわば、流行の発信地であった。農作物の新品種や苗木、新デザインの織物などが土産になった。三遠南信の人々も伊勢講を作り、伊勢参りへさかんに出かけ、時には奈良、京都、金比羅まで足をのばし、他国の風土を体験し、多くの情報、文物、文化、流行ものなどを土産として持ち帰った。神楽である「花祭り」は、洗練された舞などにそんな伊勢参りの影響も受けている。それもまさに中央構造線が三遠南信の山間地域にもたらした大きな成果であり、それ故に今日、「花祭り」に参集する外国人も含め、多くの人たちが時代を超えた舞とその演出に魅了されるのだろう。

なお、「花祭り」は神を迎える行事などで白山信仰系の影響があるとか、古い史料からは山岳修験の影響もあるといわれている。活気ある山間地域にはいろいろな人、者、情報が集まってきた面もあり、それらが解析されたら山村の持つ文化性の一端をもっと浮かび上がせることができるだろう。ただし、呪術的な側面は、かつて江戸時代当初までこの地域の寺院の多くが、真言密教系であったこととの関係が密接であるように思われる。

また、中央構造線上にのる南信州遠山郷における「霜月祭り」も、この「花祭り」と同様の神楽で、もう一つの核であるが、こちらは朝からの神事のあと、「花祭り」のような舞よりは面姿で供養する神楽の奉納が中心である点に特色があり、素朴感がある。

六、おわりに

以上、県境を越えた地域形成が見られた三遠南信地域における中央構造線の役割について時代的な経過を含め検討してきた。

中央構造線は有史以前に自然が作り出し、自然に形成されてきた自然の道である。それが人間の登場と生活、文化の展開の中で、人、物、情報の流れを生み出し、地域間のネットワークを強め、縄文時代以来、この地域の重要なネットワーク軸を形成してきた。大枠では中世から江戸時代の初めには、地域内での充実が見られるようになり、すでに今日の三遠南信地域を形成していたとみることが出来る。それ故、新生の明治政府下で設けられた新しい府県制では、きわめて一時的ではあったが、ほぼ三遠南信を包摂する「伊那県」の誕生があった。これはこれまで述べてきたこの三遠地域のまとまりを、為政者の中で理解する者がいて、新生「伊那県」を誕生させたものと評価できる。しかし、藩閥政府は江戸時代のこの地域の徳川勢力の復活を恐れ、この実質的な理にかなった伊那県をすぐに解消し、しかもことあろうに地元の反対を無視し、強引に成立させた愛知、静岡両県と、ばかでかい長野県の三県に分割してしまった。本来ならば、明治維新後の府県制設定時に「伊那県」が設定存続し、実質的な「三遠南信県」が誕生していれば、道路・通信ネットワーク、河川交通の流通によるまとまりの良さから、当初は生糸生産に特化した日本一の

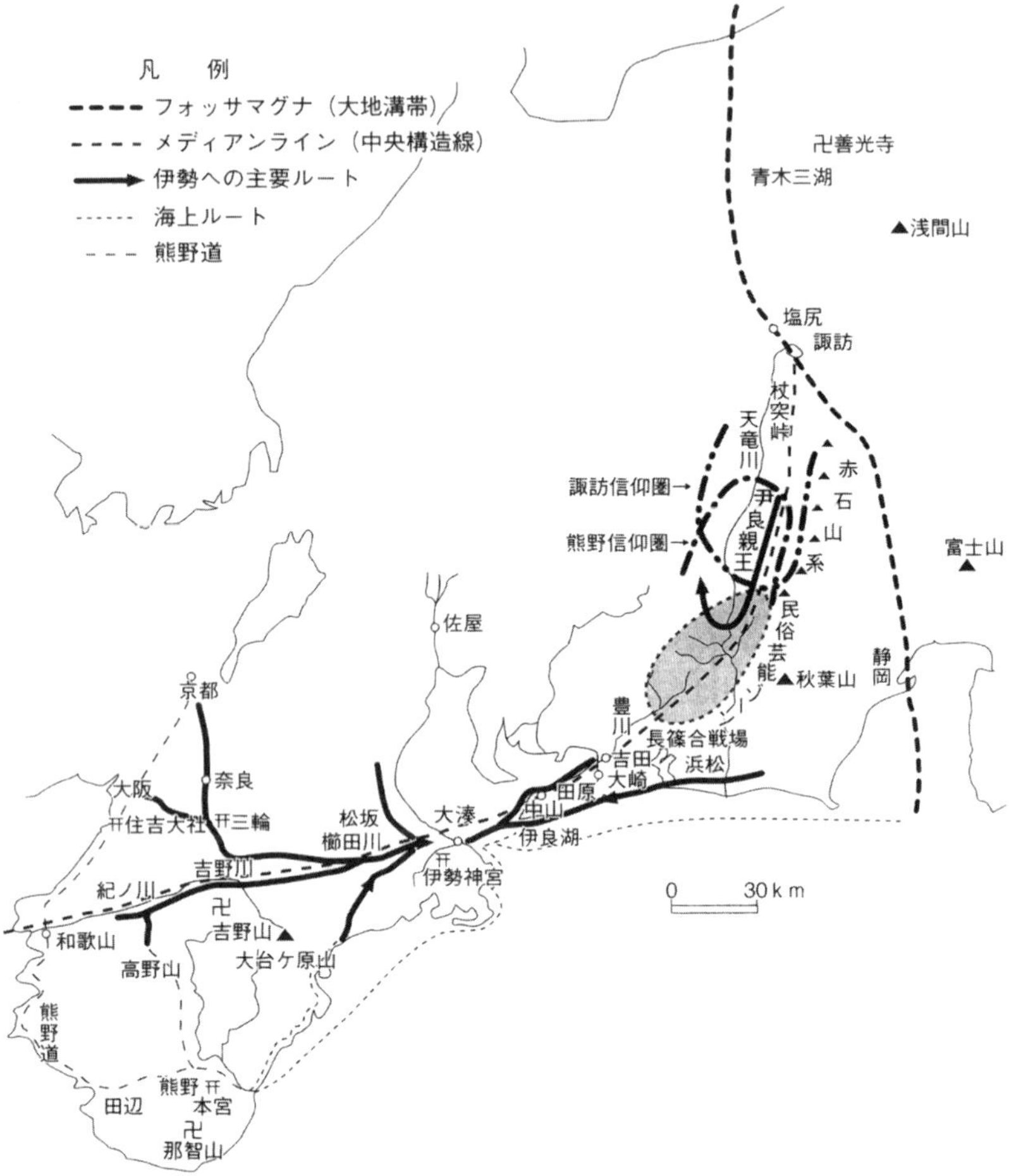

図９　三遠南信と伊勢・関西を結ぶ歴史的ネットワーク（藤田原図）

産業県になり、資本蓄積が進み、それを踏まえた近代化もかなり進んだことと思われる。もしそのように進めば、越境地域の議論はこの地域からは発議されなかったであろう。

しかし、現実には、三県の県境がこのまとまりのある地域をズタズタに切り裂いてしまった。中心に位置するはずのこの三遠南信地域はあらたに再編された愛知、静岡、長野の周縁部に押しやられてしまった。いわば、劇的な逆転劇であった。こうしてかつての「三遠南信地域」は歴史的地域になってしまったが、やはり、伝統の力は一九九〇年頃からかつての夢へ向けてその再生への志を持ち始めたという段階にきたことである。新たで、しかし、伝統をふまえた斬新な夢をどう設計するかが最大の注目される点であろう。その点では面白い試みである。

前述したように、三遠南信地域の民間パワーによる地域形成は江戸時代初期には見られた。いわば歴史的地域である。それを具体的に示したのが図9である。基本的には今日の東海道筋を中心にした東西軸ではなく、豊川、天竜川を軸とした南北軸であり、何本もの軸線が街道として活発な経済活動を生み出した。経済だけでなく、文化軸も形成されたことは本文でも触れた。地域の内的充実とともに、中央構造線の持つ特性から、地域外からのエネルギーやエンジンも加わった。畿内からの南朝方の流入や伊勢からのさまざまな情報、南からの熊野信仰、さらに伊勢信仰、北からの諏訪信仰、そして真言密教系から曹洞宗への改宗、それらが土着の勢力や文化と融合して優れた民俗芸能の文化を生み、幕末には国学や蘭学がネットワークを通じて広がり、民意の啓蒙を進めた。東西方向では同じ地域内での、特に三遠間の交流がみられた。江戸時代、吉田藩が遠州浜名湖岸まで所領を有し、吉田藩の手筒花火などの祭りが伝播していたこともその背景にあり、逆に幕末から報徳思想が遠州から三河へ浸透した。東海道の東西の通行量が増え、いわゆる姫街道もその影響を受ける中で、近代以降の豊橋、浜松の都市機能の分化への芽生えも見られた。

そんな中、「三遠南信地域」のまとまりは戦後の高度経済成長期の始まりあたりまで続いた。それが弱まったのは、戦後の地方自治制度がようやく経済力をベースに県行政単位に力を入れるようになり、県の囲い込みの中で、目に見えない壁が厚くなり高くなったことにあった。一九九〇年から始まった「三遠南信地域」づくり運動は、改めてその壁の厚さを感じつつ、それを乗り越え、かつてのより自然体の地域への共感を模索しつつ、歴史的地域の復活への実験に乗り出したといってよいだろう。

〔参考・関連文献〕

・藤田佳久（1981）『日本の山村』、地人書房。
・藤田佳久（1991）『豊橋・浜松地域の展開と両地域の連関に関する研究―二眼レフ的地方都市圏域の構造に関する研究―』、愛知大学中部地方産業研究所。
・藤田佳久（1992）『奥三河山村の形成と林野』、名著出版。
・藤田佳久（1995）「「天竜川・豊川流域文化圏から東・西日本をみる」をめぐって」、『天竜川・豊川流域文化圏から東・西日本を見る』、愛知大学綜合郷土研究所刊、所収。
・藤田佳久（1997）「「花祭り論をめぐって」、『花祭り論』、愛知大学綜合郷土研究所刊、所収。
・藤田佳久（1998）「県境を越えた地域づくり―「三遠南信地域」づくりを中心に―」、『県境を越えた地域づくり―三遠南信地域づくりを中心に―』、愛知大学綜合郷土研究所刊、所収。
・藤田佳久、高木秀和（2006）『南信州遠山郷の和田地区に「神様王国」を作る基礎的研究』、『年報・中部の経済と社会』、愛知大学中部地方産業研究所刊、二〇〇五年度版、所収（あと二〇一三年度版まで継続中）。
・藤田佳久編著（2011）『山村政策の展開と山村の変容』、原書房。
・藤田佳久（2011）「東三河の歴史的成立」、『年報・中部の経済と社会』、愛知大学中部地方産業研究所、二〇一〇年度版、所収。
・藤田佳久（2013）「「三遠南信地域」づくりの物語—私の関わり方にも関連して—」、『地域文化』114号、八十二銀行刊、所収。
・藤田佳久（2014）「越境地域の歴史文化」、『越境地域政策への視点』、愛知大学三遠南信地域連携センター刊、所収。
・田崎哲朗（1985）『在村の蘭学』、名著出版。
・田崎哲朗（1990）『地方知識人の形成』、名著出版。
・芳賀　登（1976）「三河吉田藩における国学の継承」、『歴史研究』（大阪教育大）、第19巻。
・山中芳和（1997）「幕末期国学の地域における展開（1）—三河地方における羽田野隆雄の活動を中心に—」、『岡山大学教育学部研究集録』。
・山中芳和（1997）「同上（2）」、『同上』。

なお、遠山郷の「霜月祭」については、飯田市美博から詳細ですぐれた報告書が地区別にまとめられている。

◎コラム――

「小盆地宇宙」をめぐって

岩崎　正弥

私は二〇一五年度から長野県売木村（愛知県境に接する南信州の一部）のむらづくり支援にかかわっている。一五年度は観光むらづくり調査、一六年度は集落づくり支援を行った。人口六〇〇人に満たない売木村の特徴は、山村ではあるけれどもその盆地地形にある。周囲を五つの峠で囲まれた売木村は、川と田んぼに覆われた山里と呼ぶにふさわしい日本の原風景である（写真）。

ところで、私は大学院生時代に故米山俊直先生の農村社会学を履修した。文化人類学者として活躍していた米山先生は、一九八〇年代半ば、「小盆地宇宙論」を構想されていた。私たち大学院生も、その発想を学ぶと同時に、小盆地宇宙の実際を文献から調べ報告した。内容はすっかり忘れてしまったが、私は津和野盆地を担当した。その後津和野に行き、最もインパクトを受けたのがキリシタン殉教

長野県売木村風景（筆者撮影　2015年９月20日）

の歴史であった。一八六七年、長崎浦上の信徒たちの一部が津和野の地に流され、その後拷問されても棄教せず、津和野の盆地底を臨む乙女峠で殉教したという。

それはさておき、米山先生はその後研究の成果を一冊の本にまとめられた（『小盆地宇宙と日本文化』岩波書店、一九八九年）。遠野物語から書き始められた同書は、遠野の地形を小盆地宇宙のモデルとして、次の五つの特徴を挙げている。以下、要約する。

1　閉鎖空間であるため、独自の歴史・独自の文化伝統をもつ。

2　山地・丘陵・渓谷・盆地底のような類別化できる地形を含み、生活様式・生産様式もこうした環境に対応したものが含まれる。

3　人間が住み着いてからの歴史が刻印されている。すなわち農耕開始に先立つ縄文文化が見られる。

4　文化領域として見れば一つの宇宙と捉えることができる。

5　縄文（山頂・山腹の非稲作）と弥生（盆地底の稲作）の世界を統合したものである。

こうした五つの特徴を前提に、奈良、亀岡、篠山、綾部・福知山、峰山など関西の小盆地宇宙の実際を述べ、小盆地宇宙論の可能性を展望している。「単一文化の神話」に疑問を投げかけ、日本文化の多様性を根拠に東京一極集中を批判し、地域主義の基盤をも提示していた。決して農山村至上主義ではない。盆地底に広がる「まち」「市場」との関連で地域の個性を把握しようとする小盆地宇宙論は、今日から見ても斬新だ。

さて、話が逸れたけれども売木村である。私たちのアンケート調査（五月に売木村ふるさと館で実施された春色感謝祭というイベントで実施）では、売木村を訪れる観光客は、山村一般ではなく盆地地形に特有の山里風景に魅力を感じていることが明らかになった（グラフ）。売木村単独では規模的に小盆地宇宙とはいいがたいだろうが、例えば愛知県豊橋方面から国道一五一号線を北上し、新野峠を越えるとそこに山里風景の広がる売木村がある。九十九折の険しい山道・峠を通り抜けて一息つくところに広がる小盆地宇宙の山里風景こそ、日本人の原風景なのであろう。

また米山先生は、都鄙の融合する場として小盆地宇宙を構想していた。「小盆地宇宙というと盆地底だけを考えやすいが、私はこの周囲の山岳部までを含めてひとつの統合体と考えている。したがってこの宇宙には、町場の市場、流通機能に代表される商工業者、農村部の農民、山岳部の狩猟採集の伝統を含んでいるのである」（米山前掲書、二五四頁）。小盆地宇宙の対概念は「平野宇宙」であるけれど、平野宇宙との相違を《移動と定着》という視角からまとめれば、おそらく小盆地宇宙とは移動の一形態として捉えうるのではなかろうか。平野宇宙にはヒト・モノ・コトが滞留する（＝定着）。安定の世界がここにある。しかし小さな盆地は、峠を越えたヒト・モノ・コトが一時的に滞留はするが、すぐに流出する動きの中に置かれている（＝移動）。いいかえれば、売木のような狭小な小盆地宇宙は、移動（＝みち）の文化圏という流動的・広域的な地域圏から把握する必要がある。

二〇一六年九月末現在、人口五八四人の売木村には約一六〇人もの

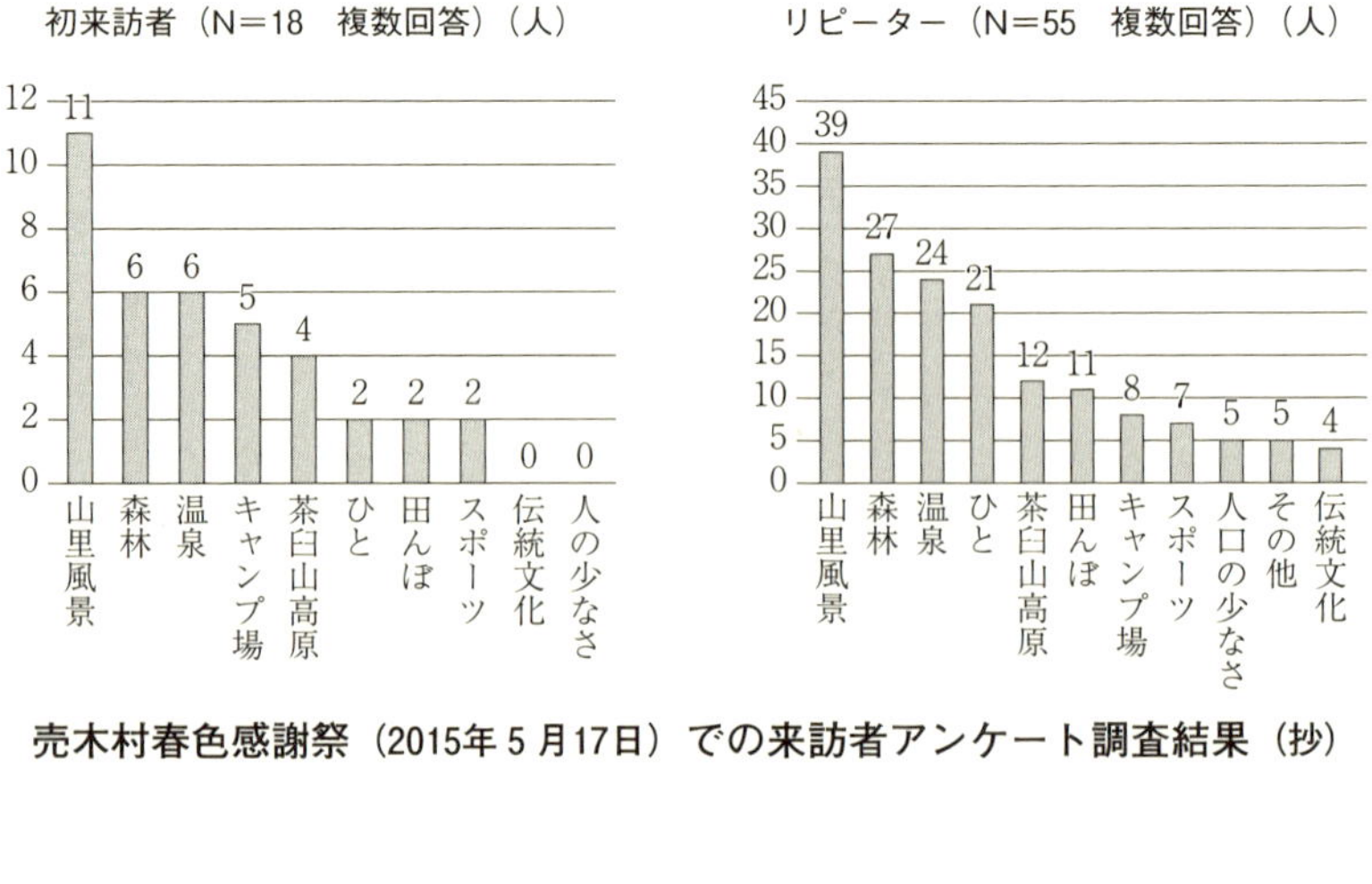

売木村春色感謝祭（2015年 5 月17日）での来訪者アンケート調査結果（抄）

移住者が居住している。総人口の三割近い人びとが小盆地宇宙へ外から移動し定着しているのである。移住者は「よそ者」（＝越境人財）として、外部の目線で売木固有の文化を撹拌し、新たな価値の創造の担い手になりえる存在だ。《移動と定着》を象徴する存在こそ移住者である。小盆地宇宙の再創造があるとするならば、この移住者の果たす役割は大きいだろう。

あとがき

古代から現代に至るまで、「道」は、国境や県境を隔てた地域を結び、政治・経済・文化の上で重要な役割を果たしてきた。人々は「道」を行き交い、相互に交流・流通しながら豊かな歴史文化を創出してきた。特に三遠南信（三河・遠江・南信州）地域は、伊良湖岬・渥美半島を北上する中央構造線が、南アルプスと中央アルプスの山峡伊那谷・天竜川に沿って縦貫している。古代律令制の時代より東西の国境は、三河と遠江・美濃と信濃の境にあり、三遠南信地域は地理・歴史・文化の上でも注目される越境エリアといえる。この数年来、我々は「道と越境」をテーマに、古代道制「七道」以来の海の道「東海道」と山の道「東山道」を擁する三遠南信地域の歴史文化に着目しつつ、千数百年にわたる「三遠南信クロスボーダーと東西文化」に関する研究を進めてきた。古代担当者は、浜松市伊場遺跡の出土文字資料や日本書紀・続日本紀・万葉集をはじめとする文字資料と向き合い、中世・近世・近代担当者は当地関連の紀行文や文書・史料を掘り起こし、各人各様に読解・考察を行ってきたのである。

出発は、「越境地域政策研究フォーラム」におけるテーマの一つの「越境地域と歴史・文化」である。二〇一三年に発足した愛知大学三遠南信地域連携研究センター（「越境地域政策研究拠点」文部科学省共同利用・共同研究拠点）は、例年一～二月に研究フォーラムを開催しており、「越境地域と歴史・文化」の研究グループも拠点校の研究を牽引してきた。勿論フォーラムのメインテーマは、ガバナンス・GIS・産業経済・医療福祉等である。「分科会5」は、これらの研究領域の下に位置付けられているが、文字資料に基づいて千数百年のスパンで越境地域の歴史文化を捉えようとする試みへの関心は決して低くない。歴史・文学研究者や地域文化愛好家の参加のもと、中央構造線の傍らに建つ愛知大学豊橋キャンパス会場は、例年活気に溢れ、報告者・コメンテーター・質問者の発言も躍如としている。

本書は、二〇一六年度愛知大学三遠南信地域連携研究センターの公募・一般共同研究「三遠南信の「道と越境の歴史文化」に関する通時的研究と社会的還元の試み」（研究代表者・和田明美）の成果の一部である。わけても、東海道と中央構造線を切り口に、「道と越境」「三遠南信クロスボーダーと東西文化」を軸に編んだものであり、古代から近代にかけての歴史・文学・地理・言語を専門とする十一名の研究者の最新の論考・コラムを収めている。執筆者は、共同研究者である犬飼隆愛知県立大学元教授・北川和秀群馬県立女子大学名誉教授・山田邦明愛知大学教授・藤田佳久・渡辺和敏愛知大学両名誉教授と研究協力者の近藤泰弘青山学院大学教授・竹尾利夫名古屋女子大学教授、さらに本学地域政策学部の戸田敏行・岩崎正弥両教授・飯塚隆藤准教授である。興味深い論考やコラムを是非ご一読いただきたい。ささやかな本書の試みが、越境地域の豊かで重層的な歴史文化の特性を解き明かし、新たな「道と越境」研究のアウトラインとなることを願ってやまない。最後に、貴重な資料を提供くださった静岡県磐田市埋蔵文化センター・浜松市教育委員会・浜松市博物館、本書の序文を寄稿くださった愛知大学三遠南信地域連携研究センターの戸田敏行センター長、また「道と越境」「中央構造線」への熱烈な興味関心から本書の出版を快諾くださった青簡舎の大貫祥子社長に、心よりのお礼を申しあげて結びの言葉としたい。

二〇一七年四月二〇日

和田　明美

執筆者紹介（掲載順）

◎編者・執筆者

和田　明美（わだ　あけみ）
一九五六年高知県宿毛市生まれ
〔現職等〕愛知大学文学部教授、博士（文学）
〔専門分野〕古代日本語と古典文学
〔主著〕『古代日本語の助動詞の研究』『古代的象徴表現の研究』（一九九四年・一九九六年、風間書房）、『古代東山道園原と古典文学』（二〇一〇年、あるむ）ほか

◎執筆者

戸田　敏行（とだ　としゆき）
一九五六年兵庫県姫路市生まれ
〔現職等〕愛知大学地域政策学部教授、博士（工学）
〔専門分野〕地域計画、国土計画
〔主著〕『広域計画と地域の持続可能性』（共著、二〇一〇、学芸出版）、『県境地域づくりの試み』（共著、二〇〇七年、あるむ）、『県境を越えた開発』（共編著、一九八九年、日本放送出版協会）ほか

犬飼　隆（いぬかい　たかし）
一九四八年愛知県名古屋市生まれ
〔現職等〕博士（言語学）
〔専門分野〕古代日本語、文字論
〔主著〕『上代文字言語の研究［増補版］』（二〇〇五年、笠間書院）、『漢字を飼い慣らす』（二〇〇八年、人文書館）、『木簡による日本語書記史［二〇一一増訂版］』（二〇一一年、笠間書院）ほか

北川　和秀（きたがわ　かずひで）
一九五一年東京都町田市生まれ
〔現職等〕群馬県立女子大学名誉教授、文学博士
〔専門分野〕上代日本語と上代文学
〔主著〕『続日本紀宣命　校本・総索引』（一九八二年、吉川弘文館）、『群馬の万葉歌』（二〇〇二年、あかぎ出版）ほか

竹尾　利夫（たけお　としお）
一九四八年愛知県豊川市生まれ
〔現職等〕名古屋女子大学文学部教授
〔専門分野〕万葉集を中心とする古代文学
〔主著〕『万葉集要講』（一九八〇年、武蔵野書院）、『奥三河の昔話伝承』（一九九七年、武蔵野書院）、『東海の万葉歌』（二〇〇〇年、おうふう）ほか

近藤　泰弘（こんどう　やすひろ）
一九五五年岐阜県中津川市生まれ
〔現職等〕青山学院大学文学部教授、博士（文学）
〔専門分野〕日本語史と日本語文法および自然言語処理
〔主著〕『日本語記述文法の研究』（二〇〇〇年、ひつじ書房）、『新訂日本語の歴史』（共編、二〇〇五年、放送大学教育振興会）ほか

飯塚　隆藤（いいづか　たかふさ）
一九八〇年埼玉県桶川市生まれ
〔現職等〕愛知大学地域政策学部准教授、博士（文学）
〔専門分野〕歴史地理学、地理情報科学、河川舟運
〔主著〕『地図からの発想』（分担執筆、二〇〇五年、古今書院）、『京都の歴史ＧＩＳ』（分担執筆、二〇一一年、ナカニシヤ出版）、『京都まちかど遺産めぐり』（共編著、二〇一四年、ナカニシヤ出版）ほか

山田　邦明（やまだ　くにあき）
一九五七年新潟県中魚沼郡川西町（現十日町市）生まれ
〔現職等〕愛知大学文学部教授、博士（文学）
〔専門分野〕日本中世史
〔主著〕『戦国の活力』（二〇〇八年、小学館）、『室町の平和』（二〇〇九年、吉川弘文館）、『戦国時代の東三河』（二〇一四年、あるむ）ほか

渡辺　和敏（わたなべ　かずとし）
一九四六年静岡県湖西市生まれ
〔現職等〕愛知大学名誉教授、博士（文学）
〔専門分野〕日本近世史、近世交通史
〔主著〕『近世交通制度の研究』（一九九一年、吉川弘文館）、『ええじゃないか』（二〇〇一年、あるむ）、『東海道交通施設と幕藩制社会』（二〇〇五年、岩田書院）

藤田　佳久（ふじた　よしひさ）
一九四〇年愛知県豊橋市生まれ
〔現職等〕愛知大学名誉教授、愛知大学東亜同文書院大学記念センター・フェロー、理学博士
〔専門分野〕地理学
〔主著〕『日本の農村』（一九七八年、地人書房）、『奥三河山村の形成と林野』（一九九二年、名著出版）、『日本・育成林業地域形成論』（一九九五年、古今書院）ほか

岩崎　正弥（いわさき　まさや）
一九六一年静岡県清水市（現静岡市）生まれ
〔現職等〕愛知大学地域政策学部教授、博士（農学）
〔専門分野〕農学原論
〔主著〕『農本思想の社会史』（一九九七年、京都大学学術出版会）、『食の共同体』（共著、二〇〇八年、ナカニシヤ出版）、『場の教育』（共著、二〇一〇年、農山漁村文化協会）ほか

道と越境の歴史文化

―三遠南信クロスボーダーと東西文化―

二〇一七年四月二八日　初版第一刷発行

編　者　和田明美

発行者　大貫祥子

発行所　株式会社青簡舎

〒一〇一-〇〇五一

東京都千代田区神田神保町二-一四

電　話　〇三-五二一三-四八八一

振　替　〇〇一七〇-九-四六五四五二

装　幀　水橋真奈美（ヒロ工房）

印刷・製本　株式会社太平印刷社

ISBN978-4-909181-01-5　C1095